# Liberté

## De la vie et de la mort d'un fantôme

Andreas Müller

# Impressum

Bibliografische Information der Deutschen Nationalbibliothek: Die Deutsche Nationalbibliothek verzeichnet diese Publikation in der Deutschen Nationalbibliografie; detaillierte bibliografische Daten sind im Internet über www.dnb.de abrufbar.

Copyright: 2023 Andreas Müller

Translation: Suzanne

Covergestaltung: Vivien Thomas & Andreas Müller

Herstellung und Verlag:
BoD – Books on Demand, Norderstedt

ISBN: 9783746047577

**A :** Il n'y a personne.

*Question : Qui est donc ce « personne » ?*

**A** : Simplement personne.

# INTRODUCTION

Ce livre ne peut rien vous apporter. Dans le meilleur des cas, il vous ôtera quelque chose ; cela dit, même cette idée, au fur et à mesure de la lecture, se révèlera être une illusion, ainsi que l'idée que vous pourriez y gagner quelque chose. En fait, ce que vous pourriez perdre, parmi les nombreuses idées peu claires sur vous-même et la vie, c'est Vous. Vous pourriez vous perdre vous-même. Certes, comme je l'ai déjà suggéré, il s'agit là d'une histoire. Car la libération ne concerne pas la fin d'une entité réelle ; c'est plutôt que votre existence même est déjà une histoire.

Car vous n'existez pas en tant que ce dont vous faites l'expérience. « Je suis » et « je fais l'expérience de quelque chose » sont un rêve. La conscience d'une réalité sujet – objet est une réalité artificielle, une réalité artificielle surajoutée, basée sur un sujet réel faisant l'expérience d'objets réels. Voilà le vécu exact de « je suis » et de « je fais l'expérience de ». Dans ce vécu, il a « moi » - un humain, présent ici et maintenant – et une situation, dans laquelle je me trouve. C'est la construction de la séparation. La forme la plus subtile de la séparation est la conscience – un subtil vécu de présence, qui fait l'expérience d'elle-même comme étant, bien qu'inconnue, personnelle et réelle.

Cette construction – ce vécu – est illusoire. Elle n'est pas réelle dans le sens dans lequel elle est expérimentée. Faire l'expérience de soi comme de « quelqu'un »signifie être séparé de ce qui arrive par l'apparent processus de l'expérience. « Je suis » fait l'expérience de soi-même comme étant présent « ici et maintenant », séparé de la situation dans laquelle il croit se trouver. Cette apparente séparation, qui n'est pas seulement une idée mais un vécu énergétique, entraîne cette sensation de n'être pas complet, et de chercher la complétude. La recherche de l'unité fait partie du rêve de « je suis », tout comme l'expérience d'avoir perdu l'unité. Le dilemme est que, quelle que soit l'expérience de l'apparent moi, cette expérience reste insatisfaisante, justement parce qu'il s'agit d'une expérience. « Je suis » ne peut que faire l'expérience de. La libération, telle que j'en parle dans ce livre, n'est pas le réveil du rêve d'être « quelqu'un », elle est la fin du rêve. Du point de vue de « je suis », c'est la mort – la fin du vécu d'une présence réelle, la fin du vécu d'être « ici maintenant ». Dans la mort il apparaît que rien ne meurt. Rien ne meurt dans la mort, et rien ne vit dans la vie.

Le vécu de la séparation est illusoire. « Je suis » est illusoire. Personne n'a à trouver, car personne n'est perdu. Le rêve, c'est que « je » doive me libérer. Le rêve, c'est que la solution à « mes » problèmes soit la libération. Le rêve, c'est qu'il existe « quelque chose ». Rien ne disparaît si « je suis » disparaît – et pourtant, ce qui reste est Tout. Ce qui reste est une perfection à laquelle rien ne manque. Ce qui reste est ce qui est. Ce qui reste : pas-de-chose apparaissant comme ce qui apparaît. C'est lire ces lignes, tenir ce livre entre les mains, ces sensations et pensées – pour personne bien sûr.

# Ne pas connaître

Vivre la libération veut dire vivre dans le non-savoir – dans le sens de ne pas connaître, ou ne pas faire l'expérience de. Puisque rien ne peut être vécu comme réel, rien ne peut être connu comme étant réel. La construction énergétique du vécu sujet – objet s'évapore en l'inconnu. Du point de vue de l'apparent moi, cela peut sembler mort et aride, mais là aussi est la surprise : la fin de l'expérience n'ôte en aucune façon sa plénitude à ce qui arrive. Bien au contraire, cela remet tout à sa juste place, à savoir de l'apparent réel au réel illusoire. Et là encore cela n'enlève rien à ce qui arrive en apparence, cela lui rend au contraire sa totalité. Car c'est « vous » qui faites l'expérience de ce qui se passe comme incomplet, justement car vous n'en faites que l'expérience. Cette chosification de ce pas-de-chose, ce vécu d'une réalité artificielle semble être si douloureux et insatisfaisant que vous tentez jour après jour de lui échapper. Bien sûr, c'est impossible. Parce que ce dont vous devriez vous échapper n'est pas un rêve – c'est vous-même qui êtes le rêve. Cette construction tout juste décrite – « je suis », « je fais l'expérience de », « je dois et peux trouver » - est illusoire. Elle n'a pas de réalité et ne dure que tant que « l'inconnu » apparait en tant qu'inconnu. Votre vie ne tient qu'à un fil – un fil de soie bien sûr. En fait, il n'y a pas plus vous que votre vie. Vu comme ça, le fil ne tient rien.

## La recherche

La recherche donc, l'impression qu'il manque encore quelque chose, fait partie du vécu d'être « quelqu'un ». Le dilemme est qu'elle reste insatisfaisante, qu'elle doit le rester. L'apparent moi cherche quelque chose de réel dans une réalité qui, de fait, n'existe pas. Il suppose qu'il existe un état réel, ou un événement réel appelé « libération », bien qu'il n'existe rien de tel ; tout ceci dans un avenir qui n'existe pas, et qui n'arrivera jamais. Sans même parler du fait que ce qui cherche, à savoir l'apparent moi, n'existe pas non plus tel qu'il fait l'expérience de soi, à savoir comme étant réel. La recherche est et reste donc vouée à l'échec. Pas seulement parce que tout ce qui pourrait être trouvé est illusoire, mais surtout parce que celui qui cherche est lui-même illusoire.

Ceci est-il un conseil d'abandonner la recherche ? Oui et non. Oui, parce qu'il est évident, comme précisé plus haut, que toute recherche d'un accomplissement personnel serait merveilleusement et absolument vaine ; et non, parce qu'il n'y a bien entendu personne qui pourrait et devrait abandonner la recherche, et parce que la recherche est manifestement l'inconnu apparaissant en tant que recherche. Qui pourrait donc abandonner, alors que ce qui apparaît n'a aucune réalité propre ?

Cela signifie qu'essayer d'abandonner la recherche est tout autant voué à l'échec, puisqu'il s'agirait là d'une autre apparente vaine recherche. Là aussi, l'apparent moi suppose que la fin de la recherche lui apportera l'accomplissement personnel, lequel, comme il a déjà été dit, n'existe pas. Oui, on peut appeler ça un dilemme, même s'il n'est que apparent.

## Réaliser l'unité

Le dilemme de l'apparent moi est qu'il croit devoir réaliser l'unité (ou Dieu). Il croit qu'il s'agit soit d'une expérience, soit d'une réalisation personnelle. Il ne peut bien sûr pas faire autrement – il n'est fait que de ce vécu et de cette expérience - et pourtant cette tentative est totalement vouée à l'échec. C'est de cette présomption de pouvoir devenir divin ou au moins proche du divin que sont nées toutes les méthodes spirituelles et toutes les religions. C'est ainsi que la chrétienté tente depuis deux mille ans de mettre en place « l'amour » et de le répandre sur terre – apparemment avec un succès mitigé. Les bouddhistes s'exercent à l'équanimité ; les chercheurs spirituels essaient de ressentir l'amour inconditionnel, tentent de rester indéfiniment silencieux intérieurement, de perdre leurs conditionnements, pour rester paisibles, sans aspérités, pour ne pas se laisser toucher, pour pouvoir survoler les choses en tant que moi illuminé et intouchable. Le chercheur s'imagine ainsi dans un processus de développement, qui va de progrès en régressions, de réussites en défaites. Ce qu'il ne voit pas est qu'il tourne plutôt en rond. Toutes ces apparentes réussites ne touchent en rien ce vécu d'être « quelqu'un », mais ne se déroulent toutes au contraire qu'au sein de ce vécu illusoire. Au lieu de s'additionner en un vrai « Bien », ce ne sont là que des expériences passagères et surtout vides. Elles sont vides parce qu'elles n'ont pas de réalité. « Je fais l'expérience de » est en effet le rêve – une réalité qui n'en est pas une. Ainsi, les expériences n'apportent aucune complétude. « Je suis » ne consiste qu'à vivre dans son propre univers de rêve, à y travailler, à y chercher, et possiblement à trouver. Le fait que chercher et trouver soient tout autant illusoires que lui-même ne peut faire partie du champ de son expérience. Si c'était vrai, ce serait tragique.


## Pas dedans


Ce qui est, est « cela », mais ce n'est pas à l'intérieur. Ce n'est pas non plus à l'extérieur, dessus ou dessous. C'est ce qui est. L'apparent moi présume que l'absolu est séparé du relatif. Il croit que cet absolu est quelque chose de réel reposant au delà de ce dont il fait l'expérience. Ainsi il invente un Dieu, une intelligence divine, une source, une étincelle divine, un pur esprit – toutes sortes de choses qui sont en quelque sorte séparées de ce dont « je » fais l'expérience. Le dilemme est que la perfection n'est pas dans l'au-delà, mais seulement au delà du vécu de « je suis ». En fait, la perfection n'est même pas au delà de « je suis » et de son vécu – parce que c'est aussi « cela » - elle semble seulement l'être au sein de ce vécu ; mais cela aussi, à sa façon, est également parfait.
Vous ne pouvez échapper à la perfection parce que vous l'êtes. Mais aussi longtemps que vous serez, vous ne pourrez pas en faire l'expérience. Etre assis est « cela », manger est « cela », parler est « cela », respirer est « cela », penser est « cela ». Et ainsi la perfection n'est pas moins que ce qui est. Elle est cela sans être « elle ».

**Dans le but de**

Humilité, courage, prise de conscience, pleine conscience, apprentissage, vérité, ouverture – toutes choses que conseillent les maîtres spirituels ; des conditions qui seraient à remplir. Des circonstances que l'on pourrait créer... Et pourquoi tout cela ? Dans le but de... Dans le but de s'éveiller. Dans le but d'avancer. Dans le but, dans le but, dans le but. Mais je pose la question : quelles sont les conditions pour mourir ? Que pouvez vous faire, pour favoriser la mort ? Pourquoi devriez vous vous précipiter vers elle avec courage, ouverture et en pleine conscience ? Pourquoi, je me le demande bien. Je n'ai rien à enseigner. Je ne peux vous conduire nulle part. Je n'existe pas plus que vous. Aucune condition n'est à remplir. Aucune circonstance n'est juste, car il n'existe rien de tel que des circonstances. Quoi que vous fassiez, quoi que vous pensiez, c'est « cela ». C'est ce que vous cherchez et ne trouverez jamais parce que c'est déjà. Rien n'est séparé, rien n'est « là bas ». Il n'y a que ce qui en apparence arrive. Introuvable, car non caché. Imperceptible, car non séparé. Vide, car déjà la totalité.

**Libération**

La libération, telle qu'il en est parlé ici, est votre mort – la mort de l'expérience d'être quelqu'un. Elle ressemble au dernier soupir : il est toujours détendu. Jusque là tout peut se produire : la bataille, la reddition, l'acceptation, une alternance des trois, le déni. Même lors de la dernière inspiration, l'apparent moi suppose encore survivre à la prochaine expiration qui le conduira au moment suivant. Mais ce n'est pas comme ça, personne en effet ne vit. Celui qui, jusque là, faisait l'expérience s'évanouit dans ce dernier soupir, et ce n'est certes pas une mort réelle. Il s'évanouit dans l'évidence de son caractère illusoire. Personne ne vivait, brusquement personne ne peut non plus mourir. « Je suis » est illusoire. Que quelque chose puisse mourir fait partir de ce vécu. Ce qui reste est ce qui est : une apparente conscience, sans personne qui soit conscient. Une vie apparente, sans personne pour la vivre. Ce qui reste est ce qui est, inconnu, inexpliqué, inexploré, ni en mouvement ni immobile, ni ici ni là, ni quelque chose ni rien. Ce qui reste est pas-de-chose.

## Simplicité

Ce « message » dont la simplicité ne peut être surpassée n'est pas réalisable. Car il n'y a rien à réaliser. Il n'y a rien à faire, rien à laisser. Il n'y a déjà personne pour faire ou laisser. Ainsi ce qui se passe en apparence est une chute sans direction, sans commencement ni fin. Il n'y a pas d'éveil en cela – ni quelque chose de menaçant que l'apparent moi attend jusqu'à l'ultime fin. Personne n'influence cette chute sans direction, ni de l'extérieur ni de l'intérieur, tout simplement parce qu'il n'y a personne. Il n'y a rien de séparé – ni quelque chose qui y serait extérieur, ni quelque chose qui vivrait à l'intérieur. Ainsi, Dieu, une conscience divine ou le vécu d'être « quelqu'un », la conscience personnelle pour ainsi dire, sont illusoires. Ce qui veut dire qu'il n'y a « que » ce qui est. C'est « cela ». Il n'y a pas plus. Le dilemme de l'apparent moi tient à ce que « ce qui est » est inconnaissable. Mais pour être franc, qui cela intéresse-t-il ? Et cela aussi est un dilemme de l'apparent moi : aussi proche puisse-t-il être de l'idée que sa quête est voué à l'échec sans aucun espoir, autant il n'y a pas accès. Car il ne consiste « que » à être insatisfait de par son vécu de séparation – séparation naturellement illusoire. Sa quête apparente se nourrit justement de cette séparation vécue. Le désir d'unité ne peut être apaisé ni par la compréhension ni par quoi que ce soit d'autre. Il ne peut s'éteindre que par la fusion apparente – une fusion qui ne peut finalement pas se produire puisque le vécu de séparation « je suis » n'est pas réel. Ce qui reste après cette apparente fusion, qui n'est autre que la fin du vécu d'être « quelqu'un », ne peut être connu ni expérimenté ni quoi que ce soit – tout du moins il n'en reste pas un « fusionné » . Cela ne pourrait arriver que dans le rêve romantique de « je suis » et serait une illumination personnelle – quelque chose qui n'existe pas plus que « je suis » lui-même. Ce qui reste est ce qui est : pas-de–chose. Comme pas-de-chose, ainsi que son nom l'indique, n'est pas quelque chose, c'est et reste le non-connaissable. Mais ne supposez pas qu'existe dans cet inconnaissable un nouveau quelque chose au delà de ce qui arrive. Non, ce n'est pas plus au delà que derrière. Ce qui est, est cela : être assis devant un ordinateur et lire ces lignes. Etre « vous ». Des pensées, des sensations, une chambre, un engin électronique, c'est ce qui est, et c'est également inconnaissable. Pour être honnête, ce n'est pas une affaire – c'est simplement comme ça, quels que soient le nombre de concepts et les théories créées quant à la nature de la réalité. Ce qui reste, est ce qui est.

# Tout est vide

Tout est ce que c'est. Rien d'autre. Seulement cela. Tout est vide – vide au sens de « sans contenu séparé ». Contrairement à ce que pourrait supposer l'apparent moi, ce « sans contenu séparé » n'enlève rien, il semble plutôt mettre les choses vraiment en lumière.

Le vide est la réalité naturelle – et je ne veux pas dire par là une simple vue non satisfaisante depuis une perspective personnelle. Vide signifie certes que tout est ce que c'est, mais aussi que c'est vide également de contenu. Que les choses soient réelles, qu'elles aient leur propre contenu, leur propre essence, fait partie du rêve de « je suis ». Ainsi, « je suis » vit dans un monde de contenus, qui n'existe pas en tant que tel. La libération est cette « remise à sa juste place », cette apparente reconnaissance de la non-valeur en tant que chose, ou du vide des choses.

Comme déjà mentionné, d'un point de vue personnel, ce vide est fade et intéresse au plus haut point le chercheur piégé dans la position neutre de l'observateur. Celui-ci pourra chevaucher longtemps cette vague de « tout est vide », jusqu'à ce que cette « contemplation du vide » finisse par lui sortir des yeux à force d'ennui.

La surprise est que ce « tout est ce que c'est » n'est pas seulement sans contenu séparé, il est aussi tellement plein du poids de cet « absolument être » que ce qui apparaît n'est pas seulement vide, mais certes vide tout en étant rempli, et donc plein.

## La mort de Jésus

La fin de « je suis » est la faillite du chercheur spirituel. Je n'ai pas réussi à me guérir. J'ai échoué à devenir un autre homme. Je n'ai pas pu m'éveiller. Je n'ai même pas pu survivre. Dans cette mort apparente se révèle ce que Jésus a sans doute voulu dire par « vie éternelle » - une chose qu'il a certes prédite de son vivant mais n'a connue que sur la croix. « Père, pourquoi m'as-tu abandonné ? » - le dernier cri de l'apparent moi séparé à l'heure de la plus grande détresse. Sur la croix, l'heure la plus sombre de Jésus, à l'instant de la plus grande désillusion, meurt la croyance en ce Dieu que Jésus avait prêché. Et c'est dans cette rencontre pleine de désir que meurt Jésus. C'est « je suis » qui meurt sur la croix – et en même temps que « je suis » meurt le maître spirituel. Ce qui reste, est rien. Pas-de-chose. Le saint esprit, pas-de-chose. Cet unique esprit comme le pensait peut être Huang-Po. Cet unique esprit qui n'est rien et tout en même temps.

La libération ressemble plutôt à la mort sur la croix, même si ce drame n'est aucunement nécessaire. La mort peut tout autant être silencieuse et non-dramatique. La surprise est que rien ne meurt dans la mort. Autant la mort peut sembler dramatique pour l'apparent vivant, autant elle ne l'est pas quand elle survient. Elle n'est rien. Car le vivant n'existe pas plus que sa mort. Tout le drame du vivant est de se battre dans la vie pour enfin trouver, enfin toucher au but, enfin y arriver – rien d'autre qu'un rêve. Evanoui. Tout simplement. Sur la croix, chez le boulanger, à la maison. Bruyant et souffrant, en silence et calmement – ce qui reste est ce qui est. Ce qui reste est l'inconnu. Ce qui reste est Soi, qui n'est pas connu.

La libération n'a rien à voir avec la spiritualité, parfois douillette, parfois grossière et brutale dans sa tentative d'apporter un peu d'ordre dans le drame de la recherche. « Mais il faut pourtant continuer à travailler sur soi », peut-on entendre de la bouche de certains enseignants. Oubliez ça. Sur quoi pourrait bien continuer à travailler celui qui est cloué sur la croix ? Intégrer sa souffrance ? Pouah, seule reste la mort pour toute espérance. Dans la vraie (apparente 9) mort il ne reste personne qui pourrait encore…

## Hors du paradis ?

Comment disait Jésus ? « Le royaume de Dieu est déjà là », et « ne cherchez point ». Comme il a raison. Le paradis – le jardin d'Eden – n'a jamais été quitté. Qu'est donc l'exil ? « Je suis », le savoir de sa propre existence. Le vécu d'être « quelqu'un » est cet exil du paradis. La bonne nouvelle : il n'y a aucun exil. « Je suis » est illusoire. L'existence séparée est illusoire. Ce qui est, est le jardin d'Eden. Réaliser réellement quelque chose de plus n'est pas seulement impossible, c'est aussi inutile. Le souhait et le désir que « je » puisse faire l'expérience du jardin d'Eden en tant que tel fait déjà partie de ce vécu illusoire d'être « quelqu'un ». Ce n'est pas nécessaire. Cette nécessité de l'apparent moi fait partie de son rêve d'être présent. Cette présence n'existe pas. Cette nécessité est artificielle et ne demande pas de réponse – ni sous forme de consolation, ni sous forme d'aide, pas plus que sous forme de réussite. Ce qui est, est le jardin d'Eden – un jardin dans lequel tout est ce que c'est nu ct pur. Il n'y a rien d'autre.

## Enfin tout est bien

L'apparent moi est accro au « bien ». Il croit en un réel « bien » et espère l'atteindre un jour. Toute cette recherche d'illumination, d'accomplissement, de réalisation de soi nait de son désir le plus cher et de l'espoir quasi immuable qu'un jour arrivera dans sa vie le moment où « ce » sera enfin bien, pour moi et pour toujours. Cela n'est pas nécessairement une recherche spirituelle – « je suis » cherche partout. Où qu'il aille, où qu'il soit, il espère recevoir quelque chose : une pièce de plus de ce puzzle sur la voie de l'accomplissement. Parce qu'il fait l'expérience de ce qu'il vit comme étant insatisfaisant, il cherche une confirmation que c'est bien. Il essaie de se persuader que c'est bien tel que c'est. Toute sa recherche, toutes les religions, toutes les philosophies correspondent apparemment ( !) à une seule question : « comment ce qui est peut-il enfin être bon pour moi ?! Et vraiment, vraiment bon ?! ». Le dilemme est que c'est impossible. « Je suis » connaît peut être des moments, des circonstances dans lesquelles c'était « vraiment bien », mais même ceux-ci n'ont pas pu apaiser son désir. Etre insatisfait fait partie du vécu d'être « quelqu'un ». « Je suis » reste insatisfait, justement parce qu'il fait l'expérience de. Il reste en permanence séparé de son vécu – et c'est pour cette raison qu'il est incomplet. C'est la réalité dans laquelle il vit. Apparemment ! Si cette réalité était réelle, ce serait tragique. Ce serait une séparation définitive et indélébile de Dieu. Mais c'est justement là le rêve. Toute cette construction de « je suis », « je fais l'expérience de quelque chose », « je peux et dois connaître l'unité » est illusoire. « Je suis » n'a pas de réalité propre, il est ce qui se passe en apparence. Ni plus ni moins. C'est le miracle.

~

# Réalité

*Est ce qu'il existe quelque chose de réel ?*

Non, bien sûr que non. Il n'y a que ce qui en apparence arrive. Etre assis, parler, se regarder… etc. C'est « cela ».

*L'unité n'est-elle pas réelle ?*

Et bien, il n'existe pas, en fait, quelque chose qui se nomme unité, mais seulement ce qui en apparence arrive. Comme ce n'est pas connaissable, on peut le nommer comme on veut. Mais cela reste malgré tout inconnaissable.

L'apparent moi est tributaire du fait de trouver quelque chose de réel. C'est la réalité qu'il connaît et au sein de laquelle il cherche. Il cherche quelque chose qu'il peut trouver, savoir ou posséder, et sur quoi il pourrait se reposer. L'unité absolue par exemple, un savoir absolu, un état permanent d'équilibre et de joie. Mais rien de tout cela n'existe, ni bien entendu son contraire. Il n'y a pas non plus seulement le relatif, l'insuffisant, l'instabilité. Seul existe ce qui apparemment arrive. Et c'est « cela ». Ou : l'apparent relatif est absolument tout ! C'est ça le miracle. Il n'y a rien d'autre. Cette totalité est joie !

*Oh oui, je voudrais aussi cette joie.*

Tu ne peux pas l'avoir. Elle est inconnaissable, car ce n'est pas une expérience.

*Mais si je ne peux pas en faire l'expérience, qu'est ce que cela m'apporte ?*

Rien, bien sûr. L'apparent moi cherche dans son expérience une complétude personnelle. C'est la seule chose qu'il peut faire, parce que la seule chose qu'il a est son expérience. Il ne vit que dans l'expérience personnelle. C'est aussi pour cette raison qu'il ne vit qu'une partie du tout, à savoir seulement ce dont il fait l'expérience. A l'intérieur de cette partie, il recherche l'absolu. Le dilemme est que cette partie n'existe pas en tant que partie. Ce qui est en apparence expérimenté n'est rien de séparé. Toute la construction de « je fais l'expérience de » est illusoire, et ainsi en est-il aussi de tout ce qui arrive dans cet apparent monde d'expérience.

*Ouh la la ! Et comment je fais pour en sortir ?*

Tu n'es même pas dedans ! C'est l'illusion de l'apparent moi d'être dans l'illusion et de devoir s'en éveiller.

*Je ne peux pas du tout m'éveiller ?*

Non, tu ne peux pas. Qui devrait s'éveiller ? Et surtout, vers quoi ? « Je suis » voudrait s'éveiller de sa vie pesante, humaine, relative en un absolu pur et divin. Il voudrait quitter son expérience pour s'éveiller en une expérience meilleure et plus élevée. Cela peut sembler être ça, mais cela reste dans les limites du vécu de « je suis », donc impossible. Que « je suis » existe et ne puisse que faire l'expérience de, c'est ce qui fait que ce qui en apparence arrive lui paraisse un vécu insuffisant, alors qu'il présume qu'existe, au delà, un absolu. C'est le rêve. Seulement « faire l'expérience de » est la réalité artificielle – une réalité qui n'est elle-même, heureusement, pas réelle.

*Pourquoi heureusement ?*

Si elle était réelle, ce serait l'enfer. Si la séparation était réelle, elle serait réelle. Mais en fait elle n'est que vécue comme si elle était réelle, sans l'être vraiment (rire).

*Oui, et bien tu en as de bonnes. Pour moi, c'est absolument réel.*

Oui, c'est comme ça. Pour « je suis », « je suis » est absolument réel.

*Cet « irréel » est une maigre consolation.*

Ce n'est pas du tout une consolation. « Je suis » n'a aucun accès à « irréel ». Et il ne l'aura jamais, et il n'est constitué que de ça.

*Tu n'es vraiment d'aucune aide.*

Non, bien sûr que non. Qui aurait besoin d'aide ?

*Mais moi !*

Mais il n'y a personne là. Toute cette construction est illusoire. Personne ne devient l'unité, parce que personne n'est séparé.

*Oui, mais pas pour moi (rire).*

Oui, bien sûr. Et ça aussi, c'est ce qui apparemment arrive (rire).

## Conscient / Inconscient

*Andreas, quelque fois tu dis que la libération est plutôt le contraire de la conscience. Est ce que ca signifie qu'il s'agit de devenir inconscient ?*

Oui et non. Tout d'abord, il ne s'agit de rien. On ne peut pas être « libéré », car il n'y a personne qui pourrait ou pas être libéré. Et oui, ce n'est pas vraiment l'inverse de la conscience, mais plutôt au delà de la conscience – au delà du jeu de conscience ou non conscience.

*Au delà ?*

Et bien oui, apparemment au delà. La conscience est illusoire, donc une conscience plus consciente est tout autant illusoire. Par rapport à ce dont on parle, ça n'a pas de signification. La libération est la fin de l'illusion que la conscience est une entité réelle. Mais ça aussi n'est qu'une histoire, car ni la conscience ni l'illusion de la conscience n'ont jamais été réelles.

*Là je ne comprends plus rien.*

Pas grave.

*Mais en fait, entre temps, j'ai l'impression de devenir moins conscient.*

Oui, ça peut faire cet effet-là. Quand l'apparent moi, qui ne vit que par le vécu de sa propre conscience, s'effondre, cela peut être ressenti comme devenir inconscient. A la fin de « je suis », cependant, il n'y a personne pour être inconscient, c'est simplement la fin de la conscience en tant que réalité, en tant qu'instance réelle.

*Et ?*

Il n'y a pas de « et ». Cela n'a aucune importance, c'est simplement que tout prend sa juste place. En apparence du moins, parce que tout était toujours « juste ».


## La paix


*Je voudrais enfin trouver la paix.*

Oui, ce que tu cherches est une expérience paisible, ou plutôt l'expérience d'une paix durable. Et elle n'existe pas. Il peut certes se produire une expérience de paix, mais elle n'a pas de signification. Cela même qui cherche la paix vit dans l'illusion de la non-paix. Et cela qui vit dans cette illusion n'est pas réel. La paix est la réalité naturelle.

*Mais cette paix, je ne peux pas en avoir conscience ?*

Exact. Tu ne peux pas en avoir conscience, parce que tu n'es rien d'autre. Aussi longtemps qu'il y aura quelqu'un pour avoir conscience de, il ne sera pas en paix.

*Mais comment peux-tu qualifier ce qui arrive de paix ?*

Parce que c'est absolument en paix. Personne n'a d'influence dessus, personne ne le manipule, personne ne le dirige. C'est absolument libre d'être comme c'est. C'est ça, la paix. Mais comme déjà mentionné : une paix qui n'a pas besoin de l'expérience d'elle-même. Une paix qui n'a pas besoin de paix, mais peut aussi apparaître en tant que telle. L'apparent moi voudrait à tout prix baigner dans la paix comme si elle était une expérience.

*Qu'est-ce donc que la paix ?*

Pas-de-chose. Au final ce n'est même pas la paix.

*L'apparent moi ne peut pourtant pas faire autre chose que rechercher une expérience.*

Oui, bien sûr. C'est la seule chose qu'il connaisse : faire l'expérience de. « Je fais l'expérience de » est le rêve. Comme le voile de l'expérience personnelle recouvre tout, cela reste caché. « Je suis » ne peut que faire l'expérience de ; tout devient fade.

*Est ce qu'il peut y avoir une expérience impersonnelle ?*

Il n'y a pas d'expérience impersonnelle qui pourrait alors signifier la libération.

*C'est quoi, la libération ?*

Rien. Elle n'existe pas. Elle est la fin de la construction énergétique de « je fais l'expérience de » - une construction qui n'a pourtant jamais été réelle.

*Quelque fois, ça fait penser à la mort.*

Oui, du point de vue de l'apparent moi c'est cela. C'est seulement dans la mort qu'il apparaît que ce n'est rien. Car rien ne vit qui peut mourir.

*Et pourtant c'est très intense, au moins par phases. Alors j'ai terriblement peur de mourir.*

Oui, ça peut être très intense, ou quasiment imperceptible. Parfois, la mort arrive à pas de loup. Elle se glisse tout près, et avant même de s'en rendre compte, on est parti.

*Ca c'est passé comme ça pour toi, non ?*

Oui, je suis mort plutôt lentement (rire). Cela peut être comme ci, comme ça, et tout dans l'entre-deux. Comme mentionné, à la fin il se trouve que rien de tout cela n'était réel et que rien ne s'est jamais passé.

## La réalisation de soi

*Comment peut-on réaliser le soi ?*

De quel soi parles-tu ?

*Le vrai soi, évidemment.*

Il n'y a pas d'instance réelle qui pourrait être découverte et qui serait le vrai soi. Toute découverte suppose quelqu'un qui découvre et quelque chose qui puisse être découvert. Mais celui qui découvre est illusoire, la découverte donc également.

*Mais comment puis-je reconnaître ce dont tu parles ?*

Tu ne le peux pas. Ce qui est n'est pas à découvrir. C'est, tout simplement.

*Mais c'est quoi ?*

C'est cela. C'est cela qui apparemment arrive. C'est cela. C'est l'un sans second, ou c'est le rien sans premier et sans second.

*Quelque fois tu dis aussi pas-de-chose.*

Oui, ce qui arrive est pas-de-chose. Cette conversation est pas-de-chose. Cette conversation est le pur soi. Il n'y a rien qui en soit séparé, et il n'y a rien qui ait conscience de soi en tant que cela. Le soi n'a pas conscience de soi – il est simplement cela qui est.

*Mais qu'est ce que c'est ?*

Et bien cela qui apparemment se passe. A quel point peut-on être aveugle ? (rire)

*Est ce qu'il y a un faux soi ?*

Si tu parles du moi, bien sûr que non. Il se voit certes comme quelque chose par lui-même, mais ne l'est pas du tout. L'idée qu'il puisse y avoir une réalisation de soi personnelle fait partie de son vécu. Bien sûr que ce semblant de soi ne se réalisera jamais, car il n'a aucune réalité. L'unité – Soi – est

100% réalisée. Ce qui se passe en apparence est la totale réalisation de Soi. Il n'y a rien d'autre.

*Pourquoi donc est ce qu'on peut l'appeler « Soi » ?*

On peut l'appeler Soi car il n'y a rien d'autre. Il n'y a rien d'étranger ici, pas de vis-à-vis. « cela » est tout moi – certes sans expérience de l'être.

## Le désir

*D'où vient ce désir d'unité ?*

Il fait partie de l'expérience de la séparation. Toute recherche, toute envie d'unité découle de cette expérience immédiate de séparation. Si l'apparent moi faisait face à cela, il mourrait sur le coup. En fait, il préfère chercher que mourir.

*Pourquoi est ce que je ne veux pas mourir, alors que le désir est si fort ?*

Le dilemme est que « je suis » ne peut pas faire l'expérience de sa libération. Il souhaite l'unité, mais espère en même temps pouvoir en faire l'expérience. Quand il approche de sa disparition, il recule, parce que ce serait sa fin.

*Je ne peux pas m'abandonner ?*

Non, parce qu'il n'y a personne. Tout ce vécu est illusoire, c'est à dire qu'il n'y a pas plus une réelle séparation qu'il n'y a de réelle disparition. Ce désir – et cette peur de mourir – font partie d'un rêve. Personne ne vit.

*« Personne ne vit », ça a l'air d'un truc de fou. Qu'est ce qui reste alors ?*

Ce qui est. Un plein sauvage et inconnu. Vide et plein à la fois. Une satiété qui n'a aucune conscience d'elle-même. C'est ce qui arrive en apparence.

## Conditionnement

L'apparent moi échoue continuellement dans sa recherche de l'expérience absolue. C'est de ce vécu de tentatives et d'échecs que vient cette impression de ne pas avoir de valeur. Ce qui reste est l'impression que « je » m'y prends mal, que « je » ne suis pas assez bon, ou que « je » ne m'applique pas assez. L'apparent « moi » peut en déduire que cela a à voir avec lui, son comportement, son conditionnement, son caractère ou sa personnalité. L'impression générale est que « je » ne suis pas assez bien. C'est ainsi que commence le travail sur la personne. Quand l'expérience d'être « quelqu'un » s'évanouit, il reste un apparent humain en fonctionnement, qui est comme il est. Il reste une apparente personnalité, un apparent caractère. La surprise est que c'est également cohérent. Il n'y a pas de problème avec le conditionnement, ni avec la personnalité, ce qui est en principe une seule et même chose.

*Est-ce qu'il y a vraiment une personnalité ?*

Non, il n'y en a pas. Andreas est ce qui apparemment arrive. Il n'y a pas de réelle personnalité « Andreas ». Andreas est ce qui apparemment arrive – certes sans quelqu'un qui fasse l'expérience de. Il n'y a personne pour faire l'expérience de soi. Il peut y avoir des modifications, mais ce n'est pas obligé. Cela n'a aucune importance, sans compter qu'il n'y a de toutes façons personne pour le faire ou le laisser advenir.

*Est-ce que tu travailles sur toi ?*

Non, qui ferait cela ? L'idée de pouvoir travailler sur soi s'est complètement évanouie. Elle s'évanouit en même temps que « je suis ». Mais il n'y a pas non plus quelqu'un qui serait auto-complaisant. Ce qui est est totalement complaisant – cela se plait tel que c'est sans s'effrayer non plus devant d'apparents changements. Tout cela se fait sans aucune intervention.

## « Je suis »

*Certains disent que « je suis » est pure conscience*

Oui, on pourrait le dire comme ça. Mais « Je suis » est illusoire, ainsi en est-il aussi de la conscience.

*Et quand on dit « Tout est conscience ? »*

Alors je ne dirais pas ça – tout dépend de ce qui est compris.

La conscience est tout ce que connaît « je suis ». Parce que c'est son expérience. C'est une expérience de présence – pur être, quand c'est sans histoire et sans conscience – et de conscience d'être. C'est très impersonnel. On peut encore à peine le qualifier de « je », mais c'est le premier vécu de séparation : la conscience d'une présence existante. Si ça se renforce, on peut appeler ça conscience se sachant. On commence à avoir là un « je suis » bien juteux. Cela a encore un goût assez fort de liberté existentielle. Puis ça se disperse et ça rentre dans l'histoire : « je suis » vieux, affamé, un homme ou un femme, riche ou pauvre, éveillé ou pas éveillé.

*Mais là c'est le rêve, non ?*

Oui, dans les trois cas c'est le rêve. Tous trois sont illusoires : la conscience-présence, la conscience et la conscience avec histoire sont illusoires.

*De quoi parles-tu alors ?*

Du fait que toute présence est illusoire. Sans raison bien entendu, parce que ça ne change rien. C'est déjà comme ça.

*Et alors, quid de la spiritualité et de tous les enseignants ?*

Ils font partie du rêve. Ils se déplacent à l'intérieur des limites de cette apparente présence. Et là, par des techniques – méditer, observer, faire silence, sortir des pensées, suivre sa respiration – on passe d'un état à un autre et on revient au premier. De « Je suis Andreas » au pur « Je suis » et éventuellement à la pure conscience. Et naturellement, après tout ça on revient à « je suis Andreas ». C'est ok, même si c'est totalement illusoire. C'est ça la spiritualité – l'acquisition de compétences dans ce vécu de présence. Le fait que cette présence est illusoire reste caché au sein de ce vécu.

*De quoi parles-tu toi, alors ?*

Ce dont je parle est l'absence. Certes cette absence n'est pas le contraire de la présence. La présence est illusoire, cela a été dit déjà. Votre existence est illusoire. Je ne parle pas d'un état d'absence.

*Du point de vue de « Je suis » cela pourrait pourtant y ressembler.*

Oui, du point de vue de « Je suis », la fin de la réalité est le premier pas dans l'absence.

*Pourrait-on dire que ce dont tu parles est encore au delà de cette conscience ?*

Oui, on pourrait le dire comme ça dans l'histoire. La libération serait le pas qui sépare la conscience, donc la présence, de l'absence, donc de l'inconnu.

*Pourquoi dis-tu « dans l'histoire » ?*

Parce qu'il n'y a personne. Il n'y a personne pour faire ce pas. « Je suis » s'agiterait comme un beau diable pour ne pas le faire, parce que ce serait sa mort. Et en même temps, c'est juste cela, le rêve : que « je » suis et qu'il y a un pas à faire. Que « je » suis présent et pourrais être absent, c'est le rêve. Tu n'existes déjà pas maintenant en tant que réalité personnelle. Et pourtant : ce dont on parle ici, c'est l'apparente fin de cette apparente présence.

*Qu'est ce qui reste alors ?*

« Cela » reste. Pas de chose, apparaissant comme ce qui apparemment arrive – impossible à connaître, impossible à savoir, impossible à apprendre. C'est totalement inconnaissable, et en même temps c'est rien et tout. C'est la réalité naturelle.

## Dévastateur

*Ce que tu dis est vraiment dévastateur. « Je » n'y arriverai jamais.*

Oui, absolument. Ta plus grande espérance, ton plus grand désir – enfin trouver l'unité et pouvoir la vivre – ne se réalisera pas. Tout ce pour quoi tu as fait des efforts n'a pas apporté ce que tu en espérais : la complétude personnelle. Tous ces efforts pour rien. Du point de vue de l'apparent moi, c'est vraiment dévastateur.

*Oui...*

En effet, « oui... »... La bonne nouvelle est qu'il n'y a rien à atteindre. Il n'y a rien à trouver. « J'ai échoué », c'est le rêve.

## Libérateur

*Andreas, c'est tellement libérateur d'être ici.*

C'est libérateur. Mais pour personne.

*Mais on a l'impression que ça l'est.*

Comme je l'ai dit, c'est libérateur. Tout ce poids, ce drame d'être séparé – « je suis » et « je dois trouver » - est illusoire. C'est totalement irréel. Cette recherche, chercheur y compris, n'est pas réelle, n'existe tout simplement pas. C'est ça la liberté.

*Toutefois pour personne.*

Oui, pour personne. Tant qu'il y a « quelqu'un », cet apparent quelqu'un suppose que lorsqu'il s'agit de liberté, il s'agit d'une expérience de liberté. C'est ce que connait l'apparent moi. Il fait de temps en temps l'expérience de la liberté, c'est à dire qu'il a de temps en temps une impression de liberté. Et ça, en fait, c'est le rêve. Oui, c'est la liberté, mais celui qui en a connaissance n'en fait l'expérience que de façon momentanée, et ne fait que se croire sur le chemin d'une expérience permanente de liberté.

*Donc en fait, je ne suis pas du tout en train de me rapprocher ?*

Non, tu ne te rapproches pas. Celui qui se croit en train d'approcher n'est constitué que de cette apparente séparation. Même si « tu » es proche, « tu » n'existes que par le fait de te croire séparé...

*... sans l'être ?*

Sans l'être, évidemment. Il n'y a pas de séparation. Que « tu » existes, c'est le rêve.

## Ce qui arrive

*Ce que tu dis, donc, est que tout ici est ce qui arrive. Alors c'est très simple : tout arrive simplement.*

Oui, je dis ça naturellement, mais en fait il n'y pas de réel événement. Ca ici – cette conversation – n'est pas quelque chose qui se passe réellement. Ou mieux : ce n'est rien qui ne se passe que réellement. C'est pourquoi je ne qualifierais pas non plus ce qui est d'événement.

*Tu dis comment, alors ?*

Je trouve que pas-de-chose est bien, parce que, au sens propre du terme, ce n'est pas quelque chose.

*En fait, est ce que ça a vraiment de l'importance ?*

Non, bien sûr que non. Ce qui est est inconnaissable et non-nommable, justement parce que ce n'est pas une chose. Il n'existe pas de chose ayant pour nom unité, conscience ou Dieu. Cette conversation, toi, moi, mes pensées, tes pensées, cette pièce – c'est ce qui en apparence se passe. C'est tout. C'est « pas-de-chose apparaissant en tant que ce qui apparaît ». Cette conversation est tout autant rien que quelque chose.

*Ouh, c'est incompréhensible.*

Oui, ce qu'est cette conversation est incompréhensible.

*Est ce que pas-de-chose est réel ?*

C'est au delà de être ou ne pas être. Cette conversation est au-delà de être et ne pas être. Ou on dit : elle est réelle et irréelle. Si on dit que pas-de-chose est réel, on en fait une chose. Ce n'en est pas une. Si on dit que pas-de-chose n'existe pas, on nie « cela ». On ne peut pas nier ce qui se passe. Ce qu'on peut nier, c'est sa réalité.

*Mais ce ne sont là que des jeux de mots, non ?*

« Nier » peut sembler presque comique, ou intellectuel ; mais en même temps que ce vécu « je suis », s'évanouit aussi toute cette construction de « je fais l'expérience de quelque chose ». Dès lors, ce qui se passe en apparence n'est plus seulement réel. Naturellement, cela n'a jamais été seulement réel, cela ne faisait que sembler l'être au sein de l'expérience. Et c'est justement ça le rêve : que « je » suis réel, et que ce dont je fais l'expérience est également réel.

*Si ce qui arrive n'est pas réel, qu'est ce qui est réel, alors ?*

Il n'y a rien de réel. Il n'y a que ce qui est – pas-de-chose. C'est à dire « pas-de-chose, qui apparaît comme cette conversation ». C'est cela, sans être un « Cela ». Il n'y a rien de réel qui s'y oppose.

*Mais alors, c'est quoi l'illusion ?*

Il n'y a pas d'illusion. Cette conversation n'est pas une illusion dans le sens où on pourrait lui opposer quelque chose d'autre, de vrai, par exemple un plan absolu sous-jacent. En tant que description on pourrait dire qu'elle est illusoire. Mais avoir cette conversation est tout. Elle est pas-de-chose – sans temps, sans espace, sans signification, et pourtant libre et complète. Ce qui apparemment arrive est sans but, sans direction, et complet tel que c'est en apparence.

## La présence

*Ce que je trouve tellement étonnant est qu'il n'y ait pas de passage. Ce sont deux mondes. Ce dont tu parles et le « je suis ». Il n'y a tout simplement aucun lien.*

Oui, tout à fait. « Je suis » existe dans la présence et la réalité ; la libération existe dans la fin de cela. Il n'y a pas de passerelle. Ces deux mondes ne se rencontreront jamais. « Je suis » ne deviendra jamais « un » - tout simplement parce qu'il n'est pas séparé. Il essaie de traverser un espace qui n'existe même pas. Il essaie l'impossible, et doit échouer. Mais « je suis » n'est constitué que du fait de se vivre comme étant présent. Il n'a pas accès au fait que cette présence est illusoire.

*La présence elle-même est donc illusoire aussi.*

Oui, le rêve c'est que « quelque chose » existe. La présence est le rêve. Il n'y a pas de création : rien qui existe réellement. Avoir un vécu de présence est déjà la séparation. Conscience-présence, conscience de, c'est déjà la séparation – en apparence, naturellement. Là où il y a un, il y a deux. « Ce qui est » n'est pas un, c'est pas-un, rien.

## Voir

*Andreas, qu'est ce que tu vois quand tu regardes le monde ?*

Ce que je vois ? Eh bien, pour voir quelque chose, il faudrait déjà qu'il y a ait quelqu'un pour voir, et celui là n'existe pas.

*Quoi, tu ne vois pas ?*

Non, déjà je ne regarde pas, ou plutôt il n'y a personne qui regarde. Il n'y a pas de centre ici, rien à partir de quoi les choses sont vécues. Rien qui ne se vive comme étant dans le corps et regarde à l'extérieur. C'est ça la libération.

*Je ne peux pas le comprendre.*

Oui, c'est exact. « Je suis » ne peut pas le comprendre. Il fait l'expérience de lui-même comme d'une instance réelle, qui habite le corps et regarde vers l'extérieur par les yeux. Cette instance vit dans une réalité sujet – objet, dans laquelle elle est le sujet et où tout ce dont elle fait l'expérience est objet.

*Oui, c'est comme ça que je le vis.*

Oui, en apparence. Et bien sûr, il n'y a ni réel sujet ni des objets réels.

*Ah oui, c'est une théorie psychologique ou sociologique, je crois. On parle d'une construction du moi.*

Oui, on pourrait bien sûr le décrire comme ça, et pourtant « je suis » n'est pas une construction, pas un truc mental, mais un vécu. « Je suis » est un assemblage énergétique.

## Pas de poussière

Il n'y a que ce qui arrive. Qu'il faille travailler sur cela, qu'il y ait quelque chose de sale qu'il faille nettoyer, c'est le rêve. Il n'y a pas de poussière sur le miroir. La mort de « je suis » est la mort de celui qui critique, de celui qui doute, de celui qui cherche et ne trouvera jamais – la mort du cauchemar qui n'a jamais existé. Cette respiration est en fait une expiration : la dernière expiration, quand la vie t'expire. C'est la libération : la mort de l'apparent vivant. Jusque là tout est possible. Bataille, résistance, acceptation, paix relative ; mais le dernier soupir est toujours détendu – aussi bien dans la mort physique que dans la libération. A la fin s'éteint le rêve de sa propre présence. Quelle liberté. Dans la mort apparaît ce qui n'a jamais été caché : « je suis » était un rêve, la recherche était illusoire. Rien n'est jamais arrivé. Rien n'était jamais perdu.

*Est ce qu'on vit ça aussi dans la mort physique ?*

Je ne sais pas si c'est toujours comme ça, mais je le suppose. Un bref flash, une brève remarque à l'extinction du rêve, qui ne peut toutefois plus être utilisée dans une histoire. Une compréhension trop courte. Après : personne. L'inconnu.

## Les soucis

*Andreas, je suis actuellement très malheureux. Je pense beaucoup. Ces soucis continus vont finir par me tuer. Qu'est ce que je dois faire ?*

Laisse les donc te tuer.

*Non, ce n'est pas ce que je voulais dire.*

Mais je croyais que tu voulais mourir. Du moins c'est ce que tu as dit.

*Oui, mais je voulais que mon « moi » meure.*

Mais c'est exactement ce dont nous parlons.

*Tu sais, c'est tellement désagréable.*

Et ?

*Je ne veux pas ressentir ça. Comment fais-tu avec tes ressentis ?*

Je ne fais rien avec les ressentis. Les ressentis ne sont pas un problème ; ils sont l'unité même. Exactement comme les pensées et les fonctions psychologiques. Du point de vue de l'apparent « moi » ce sont des choses séparées, potentiellement dangereuses.

*Qu'est ce que ces choses mettent en danger ?*

Le bonheur personnel. L'expérience d'être heureux est menacée par les sentiments. Et comme les sentiments sont expérimentés comme quelque chose de séparé, l'apparent « moi » doit s'en occuper. Du point de vue de l'apparent « moi », ils sont autre chose que « moi », quelque chose d'étranger. En tant que soi-disant sentiments négatifs, ce sont des ennemis.

*Mais j'ai peur de m'y noyer.*

Oui, l'apparent « moi » a peur de se noyer dans l'intensité des ressentis – et finalement dans l'intensité et la totalité de la vie. C'est pour ça qu'il préfère se débattre encore et garder ainsi – apparemment – la tête au dessus de l'eau. Il survit dans la bataille. Apparemment bien sûr.

*Tu conseillerais alors de plonger dans les ressentis ?*

Eh bien, ça paraît plus sain que de les combattre, mais il n'y a personne qui peut faire ça. A la fin de « je suis », la tendance à réprimer ses sentiments ou à les combattre s'évanouit. Mais l'empathie avec soi-même provient aussi d'une expérience de séparation. Comme toute méthode, elle produit une sorte de bien-être – l'impression désagréable semble se dissoudre dans le ressenti conscient, et une sorte de paix silencieuse peut apparaître. Certains disent alors : « tu es cette paix silencieuse ». Au final, il ne s'agit là que d'une expérience paisible, qui arrivera elle aussi à sa fin. Comme l'apparent moi croit qu'il a personnellement produit ce bien-être, cette expérience de paix devient un nouveau but et l'empathie avec soi devient une nouvelle méthode. Ce n'est pas faux, mais reste dans l'expérience de séparation.

*Alors tout ce que je fais n'a pas de sens ?*

Le rêve est que tu es quelque chose d'unique. Rien n'a de sens en ce qui concerne un accomplissement personnel, ce qui est pourtant la base de toute motivation personnelle. L'apparent moi ne cherche pas le silence pour le silence, mais pour en faire l'expérience et donc vivre une meilleure expérience. Tout ce que l'apparent moi croit faire ou ne pas faire a pour but d'atteindre quelque chose. Il suppose, pour tout apparent succès, avoir avancé vers son accomplissement. C'est cela, le rêve. Tu ne fais rien du tout. Tu n'es pas même ce que tu crois être.

*Hm.*

L'apparent moi vit continuellement dans « ça ne peut quand même pas être cela ». Vu de cette façon, il rejette chaque instant tel qu'il est : complet, absolument complet. Pour l'apparent moi, en fait, c'est « il manque encore quelque chose ».

*Tu viens juste de dire que le moi survit dans la bataille.*

Oui, c'est exact. « Je suis » semble survivre en étant actif, dans l'apparente activité et l'apparent vécu des résultats. Il se confirme, quasiment continuellement et par tous les moyens, sa propre existence. Il n'a pas accès au fait que lui-même, son travail aussi bien que ses réussites et ses échecs, sont illusoires et inutiles. Il virevolte sans cesse au sein de sa propre vie irréelle. Il tourne sans cesse autour de lui-même, donc autour de quelque chose qui n'existe même pas.

*C'est vraiment bizarre. Toute ma vie est à peu près comme ça.*

Oui, c'est comme ça que vit « je suis ». Toute sa vie. Travailler jusqu'à la fin.

*Papaji disait quelque chose comme « être conscient jusqu'au dernier soupir ».*

Je n'ai aucune idée de ce qu'il voulait dire par là. Etre conscient se produit apparemment – et pourtant c'est illusoire. Que « je » dois faire les choses consciemment est le rêve. Que « je » dois participer, vivre, observer, faire attention en conscience, c'est le rêve. « Je suis » est le rêve. En ce sens, c'est totalement l'inverse de ce qui est dit ici.

*Quand tu dis « c'est ainsi que vit je suis », en fait il n'a pas le choix, non ?*

C'est évidemment une histoire. « Je suis » n'a pas de vie propre. C'est l'unité qui apparaît en tant que vécu de « je suis ».

## Sans effort

*Andreas, on entend souvent dire qu'il faudrait toujours revenir à notre vraie nature. Faire attention à ne pas dévier de la voie, et ainsi de suite. C'est comment chez toi ?*

Ces idées viennent d'un vécu personnel. C'est l'apparent moi qui fait l'expérience de lui comme étant séparé.

*On a l'impression que ça demande beaucoup d'efforts. Tu ne fais rien pour rester « là » ?*

Non, parce qu'il n'y a personne là. C'est totalement sans efforts. Ce n'est pas un « sans efforts » personnel, pas plus qu'un état « sans effort ». « Ce qui arrive en apparence » arrive totalement sans effort. Personne ne le fait, personne ne s'en occupe, personne ne le maintient. « Ce qui est » ne nécessite pas d'effort pour être ce que c'est et comme c'est. Ca apparaît aussi sans effort en tant que travail laborieux. Cela n'a pas de frontières.

*Mais alors d'où viennent toutes ces idées ?*

Elles viennent d'une vision personnelle. La personne se voit comme étant sur une voie – et comme elle échoue constamment à créer l'expérience parfaite ou à la maintenir, elle a l'impression qu'elle devrait apprendre à faire continuellement attention, ou à ne pas quitter la voie. « Je suis » est « quitter la voie » - pas vraiment bien sûr, mais ce vécu de « n'être pas entier » fait partie de l'expérience d'être « quelqu'un », tout comme la supposition que ce vécu d'insatisfaction peut être réduit ou dissout par un engagement personnel.

## Les névroses

*Est ce que tu es plus heureux maintenant ?*

Plus heureux – je ne sais pas. Je suis le bonheur même, ce qui ne signifie pas forcément l'expérience du bonheur. Mais sans doute moins névrosé.

*Moins névrosé ?*

Oui, plus aucune action (ou non-action) n'est liée à la recherche que cette action mène à la réalisation. Rien n'est relié à l'exigence personnelle d'y trouver quelque chose. Andreas n'a pas besoin de devenir meilleur pour que j'atteigne l'expérience absolue. En fait, toutes les névroses possibles autour de la personne s'évanouissent. Il ne s'agit pas forcément de la totalité de ces névroses, mais chez moi il y en avait beaucoup.

*Donc il y a un avantage.*

Oui et non ; c'en serait un, s'il y avait quelqu'un pour le vivre, mais en fait c'est simplement ce qui apparemment arrive.

# Ne rien faire

*Andreas, je trouve ça anéantissant de ne rien pouvoir faire.*

Oui, je veux bien le croire. Mais en fait ce n'est pas exactement ça qui est dit. Il n'y a personne qui puisse faire ou ne pas faire. Mais ni l'un ni l'autre n'ont de pertinence en ce qui concerne la libération, car ils sont déjà liberté.

*Je me sens tellement impuissant.*

« Je suis » est impuissant. Il échoue dans sa recherche d'unité. Comme cette recherche et le besoin qui la sous-tend sont illusoires, une aide est inutile. « Je suis en demande et je cherche de l'aide », c'est le rêve. L'aide apparaît – ou pas. Demander de l'aide apparaît – ou pas. Ca n'a pas d'importance. Il n'y a personne qui s'occupe de ce que tu fais ou ne fais pas. Il n'y a personne qui te reproche quoi que ce soit. Il n'y a personne.

*Mais comment est-ce que ça colle avec ce « je ne peux pas » qui m'accompagne depuis si longtemps ?*

« Je ne peux pas » est l'inverse de « je peux ». Les deux font partie du vécu de « je suis », qui peut se vivre aussi bien comme un agissant que comme une victime. « Je suis » se vit comme une victime des circonstances, il croit toutefois jusqu'à un certain point pouvoir s'influencer, c'est à dire agir à l'intérieur de ces circonstances. Toute cette construction est illusoire. « Je ne peux pas » est tout autant une histoire que « je peux » est une histoire. Il n'y a ni agissant, ni victime.

*Mais ces deux rôles n'ont-ils pas une signification énorme dans la spiritualité ?*

Oui, en fonction des convictions spirituelles, il est conseillé à l'apparent moi de devenir la victime absolue, ou l'observateur absolu, voire même qu'il pourrait apprendre à devenir l'agissant absolu.

La première solution se base sur la conviction de simplement « tout laisser arriver ». Ca fonctionne en général aussi longtemps qui les choses se passent bien. Si ça tourne mal, il y a intervention, ce qui veut dire pour l'apparent moi : « je suis intervenu » - du coup il échoue dans sa conviction.

L'image de l'agissant absolu est l'image du créateur : « je crée ma réalité ». « Je suis » aime se voir agir, mais seulement aussi longtemps que tout va bien. Si ça tourne au vinaigre, ça veut dire pour l'apparent moi : « j'ai échoué », et donc il a échoué dans son rôle ou sa conviction. Tout ça est illusoire. Il n'y a pas de réelle entité « je suis », qui peut choisir en conscience. Il n'y a personne. Il n'y a ni victime, ni quelqu'un qui fasse l'expérience de. Personne ne doit ni ne peut « laisser faire » - même si « je suis » peut vivre par moments dans cette illusion ; ce qui est certes alors aussi ce qui apparemment se passe. Personne ne doit ni ne peut créer sa réalité. Car il n'y a en fait ni quelqu'un, ni sa réalité.

## Le vrai soi

*Est ce que tu parles toujours à ton vrai toi ?*

D'une certaine façon on pourrait dire ça, mais en fait il n'y a pas de vrai soi. Il n'y a pas de soi du tout, pas de vrai centre de l'être. On ne peut pas trouver le vrai soi, parce qu'il n'existe pas. En fait il n'y a rien qui existe comme quelque chose de vrai et qui pourrait être trouvé. Pour trouver, il faudrait un vrai trouveur et quelque chose qui puisse vraiment être trouvé. Ni l'un ni l'autre n'existent.

*Alors comment tu décrirais ça ?*

Parler apparaît, entendre apparaît. « Les deux » sont ce qui arrive en apparence. Parler ne nécessite pas d'être entendu, et entendre ne nécessite pas de compréhension. C'est le miracle.

*Mais être entendu et comprendre apparaît aussi ?*

Oui, certes, mais ce ne sont pas des réalités qui renforcent d'autres réalités.

**Décrocher**

*Je voudrais tant décrocher de la recherche.*

Mais il n'y a personne. Il n'y a personne – pas d'entité personnelle qui pourrait faire ça. Que tu fasses l'expérience de toi-même est ce qui arrive en apparence. Vers où veux-tu décrocher ?

*Je ne le sais pas non plus – dans l'éveil peut-être ?*

Oui, peut être.
L'apparent moi fait l'expérience de ce qui arrive en apparence dans la séparation, et donc comme de quelque chose d'insuffisant. C'est pour ça qu'il vit dans le rêve de s'éveiller dans autre chose, le moment suivant, une conscience éveillée. Mais il n'y a rien.

*Oui, j'aimerais vraiment m'éveiller de cet ici.*

Oui, dans quelque chose qui n'existe même pas. Ce qui arrive est tout.

*Mais je trouve que c'est si peu.*

Oui, dans le vécu de l'apparent moi, c'est trop peu. Pour l'apparent moi, ce n'est pas une idée fausse ou un conditionnement. Il vit tout ça comme étant insuffisant, tout simplement parce qu'il ne fait que le vivre. En fait il vit quelque chose, une partie, qui n'existe pas en tant que telle. Et il le vit à partir d'un centre qui n'existe pas non plus.

*Je voudrais en sortir.*

Tu n'es pas dedans.

*Quelle est l'échappatoire ?*

Il n'y en a pas.


## Conscience


La conscience est le rêve. « Je suis » est conscient de soi et d'un apparent monde extérieur séparé comme s'il s'agissait de quelque chose d'autonome. Ainsi, la conscience est la construction énergétique de la séparation. C'est la réalité sujet-objet, énergétiquement vécue comme réelle.

*Certains maîtres spirituels disent que « tout ce qui apparaît, apparaît dans la conscience »*

Bien sûr qu'on peut dire ça comme ça, mais ça décrit en fait plutôt l'expérience personnelle : « pour moi, il ne se passe que ce dont j'ai conscience. Vu comme ça, tout ce qui arrive, arrive dans la conscience ».

*Certains disent aussi que la conscience est la seule constante, alors que ce qui apparaît change continuellement.*

Ca aussi décrit plutôt l'expérience personnelle : « je suis là » en tant que réelle entité existante, et « là est ce dont j'ai conscience », qui se modifie continuellement. Comme déjà évoqué, la conscience est illusoire. Il n'y a pas de conscience en tant que réelle instance – dans le rêve de « je suis », en revanche, elle est tout. Dans le rêve de « je suis » il n'y a que moi-même, quasiment le point de départ de la conscience, et ce dont je suis conscient. Tout ce qui va au delà est inexistant pour l'apparent moi. Ce qu'est la conscience n'est pas expérimenté par la conscience.

*Pour beaucoup, c'est certainement une agression, ce que tu dis.*

Oui, c'est possible. Les enseignants spirituels jouent au sein de la construction de la conscience. Du point de vue de « je suis », c'est tout ce qu'il a : la conscience de son existence, autrement dit il est conscient de son existence, donc du fait qu'il existe quelque chose. Il ne connaît pas autre chose. Comme presque tout le monde se vit en tant que « quelqu'un », les principales offres – spirituelles y compris – se font au sein de cette construction de la conscience.

*Tu dis parfois conscience-présence (gewahrsein) et conscience (bewusstsein). Les deux mots sont synonymes ?*

Oui et non. Conscience-présence et conscience sont séparation. En apparence, bien sûr. La conscience-présence me semble un peu plus ténue et impersonnelle. Alors que la conscience est vécue comme relativement personnelle, la conscience-présence reste très impersonnelle. C'est la forme la plus pure du vécu – d'où le fait que certains en font le but le plus élevé. Mais même là, dans le vécu, il y a séparation. En apparence, bien sûr. Il n'y a pas d'histoire personnelle, du coup ça peut paraître très libérateur ; c'est la pure présence, une impression pure de présence. Mais elle est vécue comme un « ici », donc comme centrée. Cette présence, cet « être ici » originel, est déjà séparation. Une conscience impersonnelle dans un espace infini.

*Tu es cette conscience, c'est ce qu'on entend souvent.*

Oui, on entend aussi qu'on devrait toujours rester et retourner dans cette pleine conscience quand la vie devient trop stressante. C'est un enseignement d'astreinte personnelle, transmis par quelqu'un qui n'existe pas pour atteindre quelque chose qui n'existe pas non plus. La conscience n'a pas de réalité propre, et celui qui devrait y revenir est le rêve.

*Oui, c'est ce que j'ai fait pendant des années.*

C'est un des enseignements spirituels les plus courants : on pourrait, en y faisant attention, se focaliser sur l'absolu au lieu du relatif, revenir des pensées au ressenti, de l'histoire à la conscience. Comme il y a toujours un retour de l'absolu au relatif, du ressenti aux pensées, de la conscience au dispersement, cela reste un cercle sans fin. Parce qu'il n'existe ni quelque chose d'absolu séparé du relatif, ni une pure conscience séparée de l'expérience personnelle dans l'histoire. Les deux « restent » des expériences à l'intérieur de l'apparent vécu séparé. Les deux restent insatisfaisants et nécessitent en permanence quelqu'un qui y travaille. C'est cela, la spiritualité.

## L'absence

Il y a une chose que l'apparent moi ne peut pas imaginer : l'absence. La seule chose qu'il connaît est la présence. Il n'est constitué que du fait d'être apparemment présent, ou de faire l'expérience de soi comme d'une réelle présence. C'est depuis cette présence que se tisse l'histoire, toute cette réalité artificielle de l'expérience. Là, il y a le temps et l'espace, le sens et la signification, la cause et la conséquence, ainsi que le vécu d'une voie et l'idée d'un but. Il n'y a pas de limites à l'imagination à l'intérieur de cette construction. Mais l'absence est inimaginable pour l'apparent moi. Il ne sait pas comment c'est de ne pas être, puisque tout au long de sa vie il était – en apparence. Il n'a aucun accès au fait que cette présence n'était ni réelle ni continue.

*Le « moi » n'est donc pas continu ?*

La continuité fait partie du vécu d'être « quelqu'un ». Dès que « je suis » apparaît, le vécu « toujours » apparaît aussi, c'est à dire le vécu d'être présent depuis la naissance. Ce vécu aussi est direct. Et bien oui, en fait sans temps. Il n'y a ni « je suis », ni un moi apparent qui existerait en tant que réalité autonome.

*Y a-t-il alors un moi connecté ?*

Je ne dirais pas ça comme ça. En même temps que s'évanouit « je suis », s'évanouit la construction « je vis quelque chose ». Du coup il ne reste rien de connecté. Si quelque chose est conncecté, c'est toujours séparé. Le vécu de séparation s'évanouit, sans être remplacé par un vécu de connexion. « Je suis » est radié, sans être remplacé.

## L'acceptation

*On pourrait aussi appeler ce dont tu parles l'acceptation totale.*

Oui, en un sens c'est ça, mais pour et de la part de personne. Le vécu de la séparation n'est pas remplacé par un vécu de connexion – de la même façon le vécu de résistance n'est pas remplacé par un vécu d'acceptation. Ce qui est n'a pas besoin d'être accepté pour être ce que c'est et comme c'est. Bien sûr, on pourrait appeler ça acceptation.

## Relations

*Et qu'en est-il des relations ? Comment ça fonctionne quand il n'y a personne ?*

Ca ne fonctionne pas.

*Qu'est ce que ça veut dire, « ça ne fonctionne pas » ?*

Il n'y a pas de relation. La relation fait partie du rêve de « je suis ». C'est « moi », en tant qu'entité personnelle, qui peut se mettre en relation avec une autre entité séparée. C'est la séparation. Quand il n'y a personne, toute cette construction énergétique ne se fait pas. Ce qui reste est ce qui arrive en apparence. Et cela peut être deux humains qui en apparence entrent en relation.

*Mais tu fonctionnes quand même bien ?*

C'est le rêve. Oui, Andreas semble fonctionner, mais en fait c'est un pur miracle. C'est l'unité apparaissant comme Andreas fonctionnant plus ou moins bien. Il n'y a ni un réel Andreas, ni un réel fonctionnement – c'est ce qui arrive en apparence, mais sans raison.

*C'est fabuleux.*

Oui, une merveille.

## Pas de vécu

*Récemment j'ai lu un maître spirituel qui disait qu'il ne connaissait personne qui n'avait plus de vécu, et qu'il ne croyait pas que ce soit possible ni souhaitable.*

Oui, c'est très probable – ceux qui n'ont plus de vécu sont rares. Et ils ne lui rendent sans doute pas visite non plus, à ce maître spirituel. Pour beaucoup, la fin de « je suis » est simplement inimaginable, même pour ces soi-disant maîtres. Il est aussi possible que ce maître ne sache pas vraiment à quoi ça correspond.

*Mais il dit aussi que le « moi » n'est pas réel.*

Oui, c'est très possible. Beaucoup de maîtres spirituels le disent. C'est possible qu'ils aient eu, ou qu'ils aient un ou plusieurs aperçus. Mais comme il y a quelqu'un qui tourne autour de ces aperçus ou prises de conscience, la fin effective est inconnue. Bien sûr que la fin de « je suis » n'est pas souhaitable. Même si c'est la libération, pour qui serait-elle souhaitable ?? Mais comme ça pourrait être souhaitable pour lui, je suppose qu'il parle d'un état, d'un aperçu, de quelque chose qu'il a eu en apparence et en fonction de quoi il enseigne maintenant. Je suppose qu'il enseigne une voie et / ou des méthodes.

*Oui, c'est ce qu'il fait. Il enseigne l'exploration de soi.*

Ah. Il le fait probablement en espérant et en supposant que tu pourrais toi aussi découvrir ce qu'il a découvert – par exemple qu'il n'y a en fait personne.

*Hm. Et comment ça va ensemble ?*

En principe très simplement. On a des aperçus, des prises de conscience de la nature illusoire de « je suis », on y survit, et on continue à vivre avec ces aperçus. Il y a même des choses qui peuvent en apparence s'alléger – il semble y avoir une vraie porte d'entrée. Mais comme celle-ci disparaît toujours de nouveau, c'est à dire que « je suis » réapparaît toujours, on continue à y travailler – exploration de soi, attention, lâcher-prise et que sais-je encore. Ce n'est pas faux ! C'est ce qui arrive, en apparence. Et pourtant, c'est un apparent jeu au sein du vécu de séparation. Ce message-ci n'est pas un message spirituel.

*Il y en a tant qui disent que tout est un et qu'il n'y a personne.*

Oui, toutes les propositions spirituelles et même ésotériques disent ça. On lit partout cette phrase « il n'y a qu'unité », et puis vient le grand Mais. Et c'est justement ça qui est passionnant : ce message est le noyau de tous les enseignements spirituels et ésotériques, mais tant qu'il reste quelqu'un qui y danse, ça devient une religion, un enseignement, un concept, quelque chose de personnel. L'unité devient quelque chose qui n'est pas encore mais peut être atteinte par quelqu'un. C'est le mélange de l'aperçu et de la personne qui crée la spiritualité. Comme beaucoup ont eu un ou plusieurs aperçus, mais que très peu ont véritablement disparu, il y a énormément de littérature spirituelle, mais relativement peu de littérature concernant ce message. Elle existe, mais beaucoup moins que les messages personnels. Reste que le noyau semble être ce message, même s'il est mal compris.

# Elargissement de la conscience

*Je sais que c'est une histoire, mais je pose quand même la question : qu'est-ce que tu penses de l'idée de saut de conscience, c'est-à-dire est ce que tu crois aussi que nous autres humains devenons de plus en plus conscients ? S'il n'y avait plus que des gens sans « moi », est ce que le monde serait plus calme ?*

Ce pourrait être comme ça – mais certes, et c'est ça l'important, pas parce que beaucoup de gens seraient plus conscients, mais tout simplement parce qu'il n'y aurait plus personne pour chercher un bonheur illusoire dans différentes choses ou circonstances. Je n'en ai aucune idée – sans compter que c'est tout à fait hypothétique, même si ce pourrait être apparemment une possibilité. Je crois en fait moins en un « devenir de plus en plus conscient ». La conscience elle-même est illusoire – et du coup, il en serait de même pour un devenir de plus en plus conscient. En fait le mot élargissement me fait déjà sourire ; un « changement » de conscience me paraît déjà plus approprié, même si lui aussi est illusoire.

Toute cela se passe dans l'idée qu'il existe « quelqu'un » qui peut devenir plus conscient, et donc décider et agir selon sa conscience. C'est justement ça le rêve : que « je suis » puisse devenir plus conscient, pour se développer en un réel « mieux ».

En dehors de ça, j'ai l'impression que cette soi-disant conscience élargie se concentre sur certains thèmes – conscience relationnelle, conscience écologique – plus que sur beaucoup d'autres. La conscience est de fait apparemment limité, c'est à dire illusoire. Elle n'est ni réelle ni pas réelle, ni plus ou moins élargie.

Que « je » puisse faire un choix parce que « je » sais, c'est le rêve. Il n'y a personne. Ce qui apparaît, c'est choisir – quoi qui puisse être choisi en apparence.

## Insatisfaisant

*Est-ce que ce sont mes pensées qui me font tant souffrir ? J'aimerais tellement qu'elles me laissent en paix. Vis-tu la plupart du temps sans pensées ?*

Je ne sais pas.

*Tu ne le sais pas ?*

Non, je ne le sais pas. Je ne suis pas là. En ce sens, je n'imputerais pas l'expérience de la souffrance aux pensées, mais au penseur. Le dilemme de l'apparent moi est qu'il fait l'expérience de ses pensées comme de quelque chose qui lui appartient, et qui est réel. Il suppose que les pensées sont dotées d'une vérité propre, et souffre alors de cette vérité. La tentative d'y échapper est vouée à l'échec.

*J'essaie déjà de les laisser passer.*

Oui, c'est ok, mais c'est une méthode au sein de l'expérience de « je suis ». En l'absence de « je suis », les pensées sont ce qui arrive en apparence et ne représentent pas un problème. Elles ne sont rien de séparé. Personne n'a à s'en préoccuper.

*Mais comment est-ce, pour toi ?*

Pour moi ? Aucune idée. Je crois qu'il y a simplement un monologue dans ma tête, mais il n'y a pas de dialogue.

*Et est-ce que tu penses quelquefois ?*

Penser serait trop dire. Certes, sans « moi », penser n'est pas réfléchir. Personne ne cherche une solution dans ses pensées. Personne ne fait l'expérience de ses pensées et y cherche quelque chose pour soi. Mais elles sont ce qui arrive en apparence.


**Innocence**


Ce qui est, est tout. Il n'y a pas autre chose en second – pas de conscience, pas de Dieu, pas de moi, pas d'entité qui influence, dirige, manipule ce qui arrive en apparence. Ce qui est est totalement innocent. Etre assis sur une chaise est, de façon totalement innocente, ce que c'est. Personne ne le fait, personne ne le dirige, personne n'en fait l'expérience.

*Est-ce sans condition ?*

Oui, c'est sans condition.

*La libération est-elle aussi inconditionnelle ?*

Oui, la libération est inconditionnelle. Aucune condition n'a à être remplie.

*J'ai entendu si souvent qu'il fallait devenir intérieurement silencieux.*

Même si c'était comme ça, qui le ferait ? Ta mort n'a rien à voir avec toi. Si tu deviens plus silencieux, tu deviens plus silencieux, en apparence. Si tu deviens plus conscient en apparence, tu deviens en apparence plus conscient. Rien de cela n'a de signification, et rien de cela n'est lié à ta fin. Mais une chose est sûre : aussi longtemps qu'il y a apparemment « quelqu'un » qui y travaille, aussi longtemps il y a « quelqu'un ». Ce n'est ni juste, ni faux, ni réel, mais c'est alors ce qui en apparence arrive. Récemment j'ai lu quelque part qu'on ne peut rien faire pour s'éveiller, mais qu'on peut faire certaines choses pour que ça puisse arriver. Quelle blague ! Qui est présent ? Qui devrait faire quelque chose ? Pourquoi ? Il n'y a pas plus de « moi » réel que de réelle libération.

*Donc il n'y a pas de libération ?*

Non, il n'y en a pas. Toute cette construction « je suis » est illusoire. La libération est la fin de cela ; et en fait aussi la fin de quelque chose qui n'a jamais existé. La seule condition préalable est qu'elle arrive, en apparence.

*La libération est-elle quelque chose qui arrive ?*

Non, justement pas. La fin de « je suis » est aussi illusoire que l'est « je suis ». La libération est illusoire.

*Alors quelle est la différence entre nous ?*

Je ne sais pas. Je n'en vois pas.

*Mais moi, j'en vois une.*

Alors c'est ça la différence : que tu voies une différence et pas moi. Comme les deux sont ce qui arrive en apparence, cette différence est illusoire. L'unité apparaît en tant que toi et l'unité apparaît en tant qu'Andreas. La différence est illusoire.

*Que veut dire illusoire ? Il y a une différence entre nous ou pas ?*

Pas de vraie différence, tout du moins. Pour celui qui fait l'expérience, nous sommes deux choses réelles et différentes. C'est ça, le rêve. Nous deux ne sommes pas deux.

*Nous sommes un ?*

Si on veut. Plutôt pas-un. Pas quelque chose. Certains diraient pas-deux. Non séparés.

*Reliés ?*

Non, nous ne sommes pas reliés. Nous deux n'existons pas en tant que choses séparées. Il n'y a personne ici. « Reliés » serait toujours séparés. Il n'y a que des choses qui pourraient être reliés, mais il n'y a ni de réelles choses, ni séparation.

# Message

*Andreas, est-ce que tu as un message ?*

Non, je n'en ai pas. Je n'ai aucun enseignement. Il n'y a pas de « juste », pas de « faux », pas de voie, rien à réaliser. Mais il n'y a en fait rien de personnel. Ces phrases ne sont pas à réaliser – ce qui est dit ici est déjà réalisé à 100 %.

*Mais tu indiques quelque chose, non ?*

Non, en fait je ne fais même pas ça. Comment pourrais-je indiquer quelque chose qui n'existe pas dans le sens où c'est supposé ? Il n'y a rien à découvrir. Il n'y a pas de vrai « Aha ».

*Il n'y a pas de « Aha » ?*

Il peut y en avoir un, mais ce n'est pas obligé. De mon côté il n'y en a pas eu.

*Alors comment décrirais-tu ce qui t'est arrivé ?*

Je ne peux pas. Il ne m'est rien arrivé. Dans l'histoire, je dirais : il existait apparemment un chercheur nommé Andreas, mais au lieu de trouver, il s'est perdu en chemin. Et ce qui reste apparemment est cette enveloppe qui continue à fonctionner.

*Une enveloppe, dis-tu ?*

Et bien oui, c'est une histoire, tout ça. Il ne reste rien du tout, parce que même cette enveloppe n'a aucune réalité. Mais bon…

*Qu'est-ce-que tu peux dire de plus sur cette enveloppe ?*

Cette apparente enveloppe comprend des pensées, des sensations, des émotions, une construction psychologique, des conditionnements, etc. Mais ceux-ci se produisent pour personne. Avec la fin de « je suis », celui qui fait l'expérience de soi comme le centre de ces pensées, émotions, sensations… s'évanouit.

*Mais ça aussi, c'est une histoire, non ?*

Oui, rien de tout ça n'est réel (rire).

## Seulement maintenant

*Bon sang, Andreas, je crois que c'est seulement maintenant que j'entends ce que tu dis, en fait. Il s'agit vraiment de moi !*

Oui, absolument. La libération est la fin du vécu d'être « quelqu'un ». C'est la fin de cette entité « je suis », qui n'est pas seulement une pensée mais est tout à fait vraie et réelle au sein de sa propre expérience. Ce « je suis » va mourir. Ce n'est que dans la mort qu'il apparaît que cette entité n'a jamais vraiment existé et que rien ne peut ni ne doit mourir. C'est ça, la libération. Rien ne vit, rien ne meurt, rien ne change, et avec ça, tout change. Mais pour personne.

*Mais qu'est-ce-qui reste ? La conscience ?*

Rien ne reste, c'est à dire pas-de-chose reste. Il reste ce qui arrive en apparence. Si il y a expérience de la conscience, elle fait déjà partie de l'expérience de séparation. Il est vrai que cela ne peut presque plus être considéré comme un « moi », mais pourtant, avec la conscience, c'est l'apparente présence qui apparaît, et donc un vécu de séparation. C'est très fin.

*Oui, c'est vrai. C'est à partir de là qu'il y a « quelque chose ».*

Oui, à partir de là, il y a conscience, et au minimum un espace autour.

*A partir de là, la conscience repose dans l'espace infini (rire).*

Oui, on pourrait dire ça comme ça, si ce n'est qu'en fait, elle n'y repose jamais vraiment. Au plus par moments. Car puisque ça se passe déjà dans la séparation, ça prend place dans le temps, avec un début et une fin. Tôt ou tard, la conscience-présence conduit à la conscience de, puis au « je suis ». Le « je suis » spirituel essaie alors, par la pleine conscience, de retourner dans cette conscience-présence pour y reposer. Un jeu fabuleux.

*Et qui ne conduit nulle part ?!*

Il ne peut conduire nulle part ! Toute cette construction est illusoire. Tout ce mouvement est illusoire. Qu'il s'agisse d'une conscience-présence dans toute sa pureté ou d'un grossier « je suis » massif n'a aucune importance – tout fait partie de ce rêve d'être présent ; le rêve qu'il existe « quelque chose ». Le dilemme de l'apparent « moi » est qu'il croit que cette conscience-présence est l'absolu, et qu'il peut apprendre à y demeurer. C'est cela, le rêve. Comme il échoue toujours, il se sent toujours perdant. Mais comme il y a toujours aussi d'apparents succès, il continue de s'entraîner et d'essayer.

*Pourquoi est-ce-que ce sont d'apparents succès ?*

D'abord parce qu'il n'y a personne qui fasse ça. Ensuite parce que reposer dans cette conscience-présence est également insatisfaisant. Cela peut sembler libérateur par contraste avec la réalité étroite et souvent problématique du vécu « je suis », mais après quelque temps ça devient tout simplement ennuyeux. Alors on en revient à la conscience et au vécu « je suis ».

*Et tout ça, ça se joue dans la séparation ?*

Oui, cette supposée conscience-présence absolue reste séparée du supposé vécu relatif « je suis ». « Je suis » voudrait s'éveiller dans cette conscience-présence pour devenir Un, alors que la conscience-présence aspire à quitter la pure présence et l'uniformité pour revenir au vivant et à la distraction de « je suis ». La libération est la fin de cette réalité surajoutée artificielle. Elle est la fusion de l'absolu et du relatif en l'inconnu.

*Et là, il reste quelqu'un ?*

Non. Où resterait-il quelqu'un ? C'est simplement ce qui arrive en apparence. Aussi bien le vécu de séparation, que la fin de ce vécu. Les deux sont unité. Personne ne le fait. Personne n'est dedans, et personne n'en est libéré.

# Je suis CELA

*Qu'est ce que tu penses de la phrase « Je suis Cela » ?*

Elle veut dire la même chose que « il n'y a personne ».

*Je ne l'ai jamais comprise et m'y suis cassé les dents.*

Ca a été pareil pour moi. Elle n'est pas compréhensible, pas plus que « il n'y a personne » n'est compréhensible. Le dilemme est que l'apparent moi pourrait essayer de devenir ce « je suis Cela ». Il part du principe, comme pour tout, qu'il s'agit là d'une expérience personnelle.

*Oui, je voulais le comprendre, et du coup le devenir.*

La libération est la fin de la séparation, en ce sens je suis naturellement déjà Cela – que pourrais-je être d'autre ? Mais le rêve est qu'il y a un « je » qui fait l'expérience de « Cela ».

*Et que penses-tu de « je suis tout » ?*

On pourrait le dire comme ça aussi. Comme il n'y a pas de séparation, il n'y a pas d'autre, rien d'étranger, rien que je ne sois pas. Mais là aussi il y a ce truc qu'il ne s'agit pas d'une expérience. Il n'y a personne qui puisse faire l'expérience de « je suis tout », il y a simplement la non-séparation. La même chose vaut aussi pour la phrase « je ne suis rien ». Il n'y a pas de moi qui pourrait être rien, mais ce qui est, est rien. Rien dans le sens de « rien de défini ». Ce qui est, c'est-à-dire ce qui en apparence arrive, est à la fois rien de défini, et tout. Il n'y a rien d'autre.

# Vrai

*Comment est ce que je peux savoir si tu es vrai ?*

Pourquoi est ce que je devrais être vrai ?

*Tu ne l'es pas ?*

Bien sûr que non. Je n'existe pas. Tout comme tu n'existes pas.

*Et ce message ?*

N'existe pas non plus. L'apparent moi ne saura jamais s'il peut me faire confiance. Il ne saura jamais si j'ai raison ou pas. Ce message reste quelque chose qu'il peut essayer de croire, mais ce ne sera jamais quelque chose qu'il peut savoir.

*Mais pourquoi ?*

Parce qu'il n'existe pas ! Il n'y a pas de message. Dire et entendre ces mots est déjà l'unité, c'est-à-dire est déjà ce dont on parle. Ce qui est dit et entendu n'a pas de contenu. Mais c'est pourtant ce que l'apparent moi suppose, et ce qu'il cherche.

*Est-ce que tu dirais que tout est vide ?*

Ce qui est, est vide et plein. C'est à la fois rien et tout. « Rien » au sens de rien de défini, et « tout » parce que c'est tout et qu'il n'y a que cela.

*Ah, ça c'est intéressant. Pour moi, « tout » était tout ce que à quoi je pouvais penser.*

Oui, c'est « tout » pour l'apparent moi. Non, ce qui arrive en apparence est tout.

*Tout ce qui arrive dans ma conscience ?*

Non, pas non plus. Ce n'est pas un savoir, ce n'est pas perceptible, ce n'est pas vivable. Ce n'est même pas un « ce ». Rechercher dans sa conscience est le rêve. C'est l'apparent moi qui cherche l'absolu dans sa conscience – et échoue. Vivre en conscience veut dire être séparé en apparence, et « seulement » faire l'expérience de quelque chose.

*Et alors, comment pourrais-je un jour… ?*

Jamais. Cela n'arrivera jamais. « Je suis » ne verra jamais. Il n'a aucune chance.

## Le sens

*C'est vraiment grave pour moi qu'il n'y ait pas de sens. Pour moi, ce sens est terriblement important.*

Oui, ça fait partie du rêve.

*Cela ici n'a pas de sens ?*

Non, aucun. C'est tout ce qu'il y a. Pourquoi cela ferait-il sens ?

*Pour mon éveil, par exemple.*

Mais il n'existe même pas. Il fait partie de l'illusion que tu existes, que tu as une vie qui te conduise à un futur dans lequel tu serais complet. Tout ça, c'est le rêve. D'une certaine façon, tu dépends naturellement du fait que ton existence ait un sens : de cette façon, ton existence deviendrait complète, pour toi. Tu en fais l'expérience comme de quelque chose d'incohérent, et espère qu'elle a au moins un sens. Sinon ce serait en vain. C'est en vain. Pour « toi », ce sera toujours incohérent, parce que vivre l'incohérence fait partie du rêve de « je suis ». C'est de cette façon que vit « je suis ». Il vit dans une apparente incohérence, parce qu'il ne peut que faire l'expérience de. C'est quasiment insupportable pour l'apparent moi que cette souffrance n'ait pas de sens.

*Certes. Tu as raison.*

Il n'y a rien pour que ce qui est devrait avoir du sens. Il n'y a pas d'éveil. Il n'y a pas de monde, pas de paix mondiale. Il n'y a que ce qui arrive en apparence. Ce qui est merveilleux, c'est que c'est tout.

## Mort imminente

*Il y a longtemps, j'ai eu une expérience de mort imminente. Et j'ai vraiment vu la lumière. Elle avait quelque chose de très pur. L'amour était partout, et d'une certaine façon j'étais aussi cet amour. Et puis je suis revenu dans la vie. Pour toi, qu'est-ce que c'est ?*

C'est ce qui apparemment arrive. Et en même temps, une expérience apparente. Pendant tout ce temps, tu étais présent, vers la fin seulement en tant que conscience-présence, mais quand même présent. En ce qui concerne la libération, ça n'a pas de signification, puisque tu y as survécu (rire).

*Et si je n'y avais pas survécu ?*

Cela n'aurait pas eu de signification non plus.

*Mais tu as raison : tout le temps, j'étais là.*

C'est aussi pour ça que ça s'appelle « expérience de mort imminente ». La mort n'est « que » imminente, et ça se passe dans le temps. C'est quelque chose dont tu fais l'expérience. Tu fais l'expérience d'un chemin vers la mort, tu en es tout proche, et tu en reviens pour refaire l'expérience de la conscience de tous les jours. On appelle ça une expérience, même si elle est très impressionnante.

*Pour moi, ça n'a même pas été si impressionnant, mais entre-temps j'ai rencontré des gens qui en ont été très impressionnés et veulent retourner là-bas.*

Oui, comme tu l'as dit, il y a là quelque chose de très pur, de très paisible. La pure conscience-présence, pour ainsi dire. On le ressent vraiment comme ça. Merveilleux.

*Mais ce n'est pas ce dont tu parles, n'est-ce-pas ?*

Oui et non. Bien sûr, cela aussi est l'unité, c'est à dire ce qui apparemment arrive. De la même façon, ça a lieu à l'intérieur du rêve de la conscience. C'est une expérience au sein de l'apparente séparation, comme déjà dit. Très transformatrice dans certains cas, après tout c'est une rencontre avec la mortalité. En apparence naturellement.

## Simple

*On entend toujours que c'est si simple. Ca me met vraiment sous pression, si c'est si simple, pourquoi est-ce que je ne le comprends pas ?*

Ce n'est absolument pas simple. Du point de vue de l'apparent moi, c'est impossible. Ce n'est pas seulement très difficile, mais vraiment impossible. C'est facile dans la mesure où c'est déjà comme on en parle ici, mais l'attendre ou le faire est absolument impossible. C'est comme c'est, oui, avec une incroyable facilité ; on pourrait dire, parce que ce n'est pas « fait ». Personne ne fait ce qui arrive en apparence, personne ne l'influence, personne ne le manipule. C'est la facilité.

*Hm.*

L'apparent moi croit que c'est facile à faire. Comme il échoue perpétuellement, il pense que c'est très difficile. Mais, comme déjà dit, pour l'apparent moi c'est impossible.

*Si j'arrivais enfin à comprendre ça...*

C'est impossible, vois-tu.

**Rester sur la voie**

*Beaucoup d'enseignants spirituels insistent sur l'importance de la voie après l'éveil ou l'illumination. Beaucoup guérissent, dissolvent les traumas, approfondissent... Ca a l'air d'être très important. Beaucoup insistent aussi sur le fait qu'il faille faire ça consciemment. Qu'est ce que tu en penses ?*

Ils ont probablement eu une ou plusieurs prises de conscience, et ce qui est dit alors résulte de leur vécu personnel actuel. Cela semble résulter du fait d'être sur une voie. Il peut arriver qu'une prise de conscience soit prise pour l'éveil. Bien sûr suit alors le vécu d'une voie, puisque l'expérience d'être « quelqu'un » a certes été interrompue – ce qui, énergétiquement, est très marquant, et intense – mais n'a pas été éteinte. Dans le rêve du survivant, qui se vit comme désormais éveillé, cela reste naturellement important de continuer à travailler sur soi. C'est tout naturellement comme ça parce qu'il y a toujours quelqu'un qui fait l'expérience de ce qui apparemment arrive, et qui trouve ce qui arrive insuffisant. Comme il s'agit là d'éveil personnel, le travail sur soi prend dès lors une signification importante.

*Ca correspond à beaucoup de ce qui se passe aujourd'hui chez les « maîtres spirituels ».*

Oui, bien sûr. La libération est la fin de l'expérience d'être « quelqu'un », mais la vie apparente continue apparemment – qu'elle continue apparemment de façon humaine ou inhumaine. La fin de « je suis » n'est pas une immobilité – et pourtant c'est la fin de l'agissant « conscient », et donc la fin de celui ou celle qui se croit sur un chemin. Pourquoi est-ce que ce serait encore plus important, après la fin de « je suis », de rester sur la voie qu'avant ?! Cette idée vient d'une expérience d'éveil personnel, qui est caractérisée par un vécu de rechutes – « je suis » est de nouveau là ! - et la nécessité de plus d'exercices et de méthodes. Pendant ce jeu apparent, il y a aussi grand nombre de croyances spirituelles qui sont présentes. Comme ces « vérités » et concepts crus ne résistent pas à ce qui apparemment arrive, il y a toujours également un humble réajustement des convictions personnelles. C'est aussi de là que vient l'idée de « rester en contact », et l'impression qu'il faudrait consciemment faire attention à ne pas se rendormir.

La plupart, si ce n'est tous les soi-disant maîtres spirituels font tout simplement l'expérience d'eux-mêmes comme étant « quelqu'un ». C'est alors tout naturel qu'ils transmettent aussi un message personnel, de quelque façon qu'il soit tourné.

Il n'y a pas de voie. Ce qui se passe après la libération n'a pas de signification, tout aussi peu que cela n'avait de signification avant.

*Mais tu ne crois pas que ces maîtres ont eu au moins des prises de conscience ?*

Si, bien sûr. Et pourtant ils ont survécu à ces prises de conscience. C'est pour ça qu'il y a un enseignement. Un enseignement avec « juste » ou « faux », une voie, un but, et quelqu'un qui pourrait faire ou laisser faire consciemment. Certains de ces buts sont par exemple « approfondir consciemment », « guérir les traumas », ou simplement « ne pas s'endormir à nouveau ». Tout cela vient d'une expérience personnelle. Bien sûr il y a apparemment des approfondissements, bien sûr que des traumas peuvent être guéris. Et pourtant, que ça apparaisse ou comment n'a aucune importance, il y a toujours quelqu'un qui pourrait faire ou laisser faire consciemment. Le vécu conscient est le rêve. C'est l'apparent moi qui vit dans la conscience personnelle – c'est lui qui vit et connaît le monde. C'est le rêve.

*Est ce qu'il y a une conscience impersonnelle ?*

La conscience est toujours impersonnelle. Personne ne l'a, elle consiste seulement à être apparemment conscient. Mais la conscience est illusoire, ce n'est pas une réelle entité. Vue ainsi, la conscience est le rêve – certes un rêve dont personne ne s'éveille. « Je » n'a en réalité pas de conscience dont il pourrait s'éveiller pour le réel. « Je suis » et la conscience sont un. Si « je suis » meurt, ce qui vit dans la conscience meurt.

*Mon maître m'a toujours conseillé de rester conscient.*

Ce qu'il t'a conseillé est de rester séparé. « Tu dois être conscient » veut dire que tu dois rester présent, et que tu peux choisir d'être « conscient » - en opposition à inconscient et endormi. C'est à la fois le rêve et l'enfer, car pour garder l'illusion « d'être conscient », au moins par moments, il faut un travail continu. Et pendant que « je suis » essaie continuellement « d'être conscient », il ne voit pas la non-pertinence et l'inutilité de ses efforts, qui ne peuvent être que voués à l'échec. Le dilemme est que l'échec laisse un arrière goût de faillite personnelle. « Je suis » reste alors avec un « je ne suis pas assez bon », ce qui mène à encore plus de recherche. Et exactement de la même façon, « chercher » ne mène pas à « trouver », mais à la continuation de la recherche. Quelle blague. Mais dans le jeu personnel entre maître et élève, c'est exactement ça qui est soutenu : la nécessité de la recherche.

## Traumas, processus actifs

*Andreas, est-ce qu'il y a chez toi encore des processus actifs, comme des traumas et/ou des guérisons ?*

Oui, il y a ça. Mais pas pour moi. Ici aussi on pourrait dire que c'est ce qui se produit en apparence. Rien de faux, rien n'a à être accéléré ou terminé. L'apparent moi suppose qu'il atteindra une complétude, par exemple dans la guérison d'un ou de tous les traumatismes. Je ne sais même pas si c'est possible, mais en dehors de ça, les traumatismes n'ont rien à voir avec la libération. La libération est la mort de celui qui fait l'expérience ; ce que l'apparent survivant a vécu n'a aucune importance. Il semble certes y avoir la tendance dans la libération que des comportements défavorables, qui ont gardé l'apparent moi dans des stratégies de survie, ne soient pas maintenus et du coup disparaissent lentement. Mon impression est que ça se fait beaucoup plus lentement que ne le suppose l'apparent moi. La libération est en fait un événement tout à fait normal et justement pas la déflagration à partir de laquelle tout est désormais en ordre.

*Qu'est la libération ?*

La libération est la fin du vécu d'être « quelqu'un », et du coup la fin de tout vécu. Ce qui reste est la vie elle-même, qui est finalement inconnue. Il n'y a pas de « quelque chose ». La surprise est que ne vit personne qui pourrait mourir. Ca devient apparent dans la mort, dans le dernier soupir pour ainsi dire.

*Et les processus ne s'arrêtent pas avec ça ?*

Et bien, ce qui s'arrête est le vécu des processus comme étant réels. Il n'y a pas de processus dans le sens où les vit l'apparent moi. Les processus aussi sont l'inconnu qui apparaît en tant que processus – et qui dans ce sens ne sont pas vécus en tant que processus réels. Pour l'apparent moi, un processus interne est quelque chose de réel. C'est un événement réel qui n'est pas entier, mais qui va dans cette direction. C'est un développement, en règle générale vers le mieux. Et cela, c'est le rêve. Il n'y a ni mieux, ni pire, ni développement. Il n'y a pas d'événement réel. Dans la libération, il n'y a tout simplement personne qui vit dans une histoire. Sans compter qu'il n'y a personne qui puisse forcer la guérison et espérer ainsi un « mieux » réel.

*Mais toi aussi, tu souhaites des choses ou te disputes avec ton amie.*

Oui, c'est ce qui arrive en apparence. Mais il n'y a personne là dedans. Ca ne rend pas les choses meilleures ou pires, c'est simplement comme ça. Quand il y a apparemment quelqu'un qui fait l'expérience de, c'est réel pour lui. Lui est dans la situation et en fait l'expérience comme de quelque chose de réel. Et parce qu'il en fait l'expérience, elle reste séparée et incomplète.

*Qu'est ce que tu conseillerais alors ?*

Je conseillerais la mort. Le problème, c'est qu'il n'y a personne qui vit. Je n'ai donc pas de conseil à donner.

# Des chances

*On dirait qu'en ce moment, il y a de plus en plus de cas de libération.*

Et bien, d'une certaine façon on dirait que c'est ce qui se passe, et pourtant je ne vois pas le moi s'évanouir un peu partout. C'est plutôt rare, en fait.

*Ca veut dire que les chances pour moi sont plutôt faibles.*

Aucune idée. Il n'y a pas de conditions préalables. La séparation est illusoire ; rien ne deviendra Un. Et puis la séparation est unité apparaissant en tant que séparation. En ce sens, il n'y a aucune raison de ne pas apparaître en tant que séparation.

*Et bien super, j'en suis maintenant exactement au même point qu'avant.*

Oui, « je suis » en est toujours « au même point qu'avant ». Toutes les réussites, tous les vécus de développement personnel, sont illusoires. Tous les échecs en fait aussi. Dans les retours en arrière, « je suis » se retrouve toujours au même commencement, en quelque sorte à son dilemme de fond : sa présence. « Je suis ici et je voudrais… quelque chose. La libération, la dissolution, l'illumination, atteindre mon but, trouver le calme, être en paix. Quelque chose ». « Je suis » n'en sort jamais, et ne se développe jamais en autre chose. C'est son dilemme.

*Qu'est ce que c'est, ce dilemme ?*

C'est de ne pouvoir se vivre que comme étant réel, tout en étant réel et irréel. C'est là son dilemme insoluble.

*C'est effectivement insoluble.*

Oui, ça l'est. C'est insoluble parce que ce n'est pas réel. Comme « je suis » est illusoire, il n'y a en fait pas de réel dilemme.

*C'est vraiment étonnant.*

# Le focus

*Andreas, quelques enseignants proposent de ne pas se focaliser sur la compréhension mais plutôt sur les ressentis ou l'espace infini, ce qui voudrait dire qu'on a la possibilité de choisir et qu'ainsi on pourrait quitter l'histoire.*

Cela peut apparemment se produire, mais cela fait partie de l'histoire de « je suis ». En fait, c'est l'apparent moi qui est focalisé. Il vit dans l'attention, qu'il peut certes focaliser ou pas, mais il reste dans l'attention. « Je suis » est le centre à partir duquel l'attention se dirige sur divers objets.

*Mais cela peut être une grande aide, non ?*

Justement, c'est une aide – qui n'a rien à voir avec ce message. Bien sûr, cela peut être agréable pour l'apparent moi de diriger son attention sur les ressentis ou autre chose. Ce faisant, il délaisse son histoire et la ronde des pensées, au moins pour un temps. C'est comme une petite pause qui permet de souffler, et qui est donc un soulagement. Ce n'est pas faux, mais ça n'a rien à voir avec la fin de la séparation.

*Et laisser l'attention se défocaliser complètement ?*

Cela reste tout autant dans la séparation. Ce qui reste est « quelqu'un », qui pour un temps navigue et repose dans l'infini. La pratique spirituelle devient alors de toujours revenir à cet espace. L'idée est donc que si on peut faire ça, volontairement, à n'importe quel moment, on serait éveillé. On entend ça aussi chez les enseignants : « à chaque fois que tu vas mal, retourne simplement dans cet espace infini et immaculé, et restes-y ». Bien sûr que cet espace est immaculé, dans la mesure où aucune histoire ne s'y déroule, mais il est aussi considéré par celui qui y repose comme étant quelque chose. Cela n'a rien à voir avec la libération, puisque cela reste dans la construction de « je suis » et de « faire l'expérience de ». Sans même parler du fait que personne n'y est jamais resté.

# Un état d'être

*Est ce que tu es tout le temps dans cet état d'être ?*

Ce n'est pas un état, mais oui, il n'y a qu'être. Mais ce « être » n'est pas ce que s'imagine l'apparent moi. Ce corps, cette apparente personne, vit et se comporte comme elle l'a toujours fait. Elle est énervée quand elle est énervée, détendue quand elle est détendue. Mais il n'y a personne qui serait tout le temps là pour observer ça. Personne pour regarder et faire l'expérience de ce qui se passe. Personne pour vivre dans l'histoire, voir des problèmes et chercher des solutions. Personne pour se parler à soi-même et entretenir un dialogue permanent. Toute cette identité artificielle, ce rêve d'être « quelqu'un », n'existent pas. Et ce qui est est simplement ce qui est. C'est être.

*Cela veut dire qu'avec la libération, toutes les représentations tombent.*

Oui, toutes les représentations tombent, même l'idée que toutes les représentations tombent (rire).
Tu sais, je suis simplement comme je suis, mais on ne peut pas faire en sorte d'être comme on est. Cela se fait de soi-même. Personne ne doit ni ne peut le faire. L'apparent moi se sent séparé et insatisfait. Il y cherche une cause, et une des apparentes causes d'insatisfaction pourrait par exemple être l'idée que le comportement ou la personnalité recherchée soient considérés comme inaccessibles. Donc l'apparent moi peut essayer de contrôler le comportement et de travailler sur la personnalité. La plus grande peur de l'apparent moi est de ne pas pouvoir faire l'expérience de soi. Et partant, de perdre tout

contrôle. Ne pas pouvoir intervenir ou diriger quand ce corps ne se comporte pas comme il faut. Ne pas savoir ce qui va arriver et ne pas avoir le contrôle, c'est un enfer pour l'apparent moi.

Je n'ai aucun contrôle sur la façon dont je me comporte. Si je me comporte de façon assez consciente, si je ne cours pas après des suppositions, si je suis assez gentil ou spirituel. Je n'ai pas la moindre idée sur ma vie, si je pars à vau-l'eau, si je ne finirai pas sous un pont ou au beau milieu du Sahara et sans rien à boire à cause de quelque décision malencontreuse. Mais il n'y a personne. Personne qui ait le choix, personne qui sache. C'est pour ça que c'est facile.

*Et tout ton chemin spirituel ?*

Il ne m'a conduit nulle part. Ou il m'a conduit ici. Et encore une fois, il serait plus juste de dire qu'il n'a jamais existé. Etre sur un chemin n'a jamais été la réalité. Etre en apparence sur le chemin est déjà l'unité. Est déjà « ça ». Et l'idée d'être sur un chemin n'a toujours été qu'une idée et jamais une réalité.

*C'est quoi, la réalité ?*

Cela. Ce qui apparaît. C'est pas-de-chose, mais on pourrait appeler cela la réalité.

*Parfois tu dis que certaines choses « ne sont qu'une apparence ». Ou qu'il n'y a « que cela ». Pourquoi « que » ? N'est-ce pas une façon de nier quelque chose de très important, à savoir le relatif, l'humain ?*

Non, il n'y a rien à nier. Tout ce qui apparaît est cela ! Il n'y a rien d'autre. Ce qui est né, d'une certaine façon, ou plutôt ce qui est découvert comme étant un univers rêvé, est l'histoire dans laquelle vit l'apparent moi. L'apparent moi voit ce qui arrive comme très significatif, parce que de son point de vue, c'est à lui que cela arrive, et c'est réel. Sans moi, ce qui arrive est à la fois réel et irréel, et cela perd sa signification. La signification vient toujours dans un contexte de temps, et de « vrai » ou « faux ». Sans temporalité et sans but, il ne peut y avoir de signification. C'est pour ça qu'on peut dire que cela ne fait « que » apparaître. Parce que l'histoire, c'est à dire l'interprétation de ce qui apparaît, n'a pas de signification, on peut dire que cela ne fait « que » apparaître. Mais ce qui apparaît est tout, bien sûr. Il y a à 100 % ce qui arrive. S'il y a douleur, il y a 100 % de douleur. On le ressent comme ça, et c'est à ça que ça ressemble. C'est l'unité. Il n'y a rien à nier. Il n'y a rien à nier non plus dans « vivre dans un univers rêvé ». Si quelqu'un me raconte qu'il se croit et me croit réel, je ne peux qu'acquiescer. Ca aussi, c'est ce qui arrive. Mais cela reste tout de même un univers de rêve.

*C'est de nouveau l'apparent moi qui se sert de phrases comme celle-là ?*

Oui, bien sûr. Il essaie de mieux s'en sortir dans la vie grâce à ça. « Oh, pas besoin de me faire du souci, ce n'est qu'une apparence ». Ou il pense ne pas avoir besoin de se confronter à soi-même, à sa vie ou ses ressentis, puisque ce ne sont semble-t-il « que » des apparences. C'est une nouvelle méthode de l'apparent moi : utiliser ces mots pour échapper à l'intensité de la vie et se mentir à soi-même. Il prend tout.

*Pourrait-on dire alors qu'il s'agit de vivre à 100%, mais sans prendre les choses trop au sérieux ?*

Oui et non, car il n'y a personne pour faire ça. C'est plutôt une description. Quand il n'y a plus personne, ce qui auparavant était vu comme séparé devient un. Alors on touche automatiquement les 100%. Alors il n'y a plus « quelqu'un » qui marche sur la route, il n'y a plus que « marcher sur la route ». « Marcher sur la route » est tout. Tout ce qui arrive, et de façon totalement absolue. De façon intéressante, c'est seulement quand il n'y a plus de séparation qu'il devient évident que « marcher sur la route » est réel et irréel.

*Il n'y a rien à faire alors.*

Oui, parce qu'il n'y a personne. Sans moi, il devient évident aussi qu'il n'y a et n'y a jamais eu de moi. Nulle part. Et que le fait d'être apparemment « quelqu'un » et de vivre dans un univers du rêve est aussi à 100% ce qui apparaît, et est également réel et irréel. Même le fait d'être apparemment « quelqu'un » est 100%. C'est simplement que ce n'est pas vécu comme tel par l'apparent « quelqu'un », puisqu'il est apparemment « quelqu'un » et vit dans l'univers rêvé de l'apparente séparation.

# Le sommeil profond

*Andreas, y a-t-il une différence entre le sommeil profond et l'état de veille ?*

Pas vraiment. Même quand tu parles de l'état de veille, je comprends « rêve ». « Je suis » fait l'expérience de soi-même, pendant l'état de veille, comme étant réveillé et conscient.

*Et chez toi ?*

Personne n'est réveillé. Au matin il n'y a que les yeux qui s'ouvrent, mais il n'y a personne qui se réveille. Pour la plupart des gens, il y a « quelqu'un » qui se réveille le matin, et tôt ou tard revient le « moi et toute mon histoire ». Alors « je » sait qui il est, ce qu'il a à faire et où il va. Tous les matins la conscience se réveille – et « je » est là. Si ce n'est qu'il n'y a personne, et il n'y a rien qui se réveille le matin quand les yeux s'ouvrent.

*Certains disent que la libération est comme le sommeil profond. Qu'est ce que tu en penses ?*

D'une certaine façon on pourrait dire ça, puisqu'il n'y a personne qui fait l'expérience du sommeil profond. Cela correspond naturellement à la libération. Mais, quand il n'y a personne, la libération ne se termine pas avec le réveil du matin.

*Oui, le matin, je ne sais parfois vraiment pas qui je suis. Alors je peux vraiment observer comment le moi se reconstruit à chaque fois.*

Oui, en principe tu es déjà là peu avant que le moi ne se reconstruise. Chez certains ça va très vite, chez d'autres ça peut prendre plus de temps. A un certain moment, il y a toujours une conscience très fine qui apparaît – de façon quasi imperceptible - et c'est le premier signe de présence. C'est alors que commence le jeu de la séparation.

*J'avais déjà l'idée d'observer à quel moment le « moi » apparaît. Evidemment, ce afin d'éviter qu'il ne revienne et ne reconstruise son histoire.*

Oui, mais qui observe cela ? Cette idée de pouvoir - et de vouloir - empêcher « je suis » d'être là vient déjà d'un vécu de présence. Elle vient déjà de la conscience. Personne ne fait « je suis ». Personne ne fait cette conscience. Cette présence est illusoire, on ne peut ni la faire ni l'empêcher. Que cette présence – conscience-présence, conscience de, « je suis » plein pot – soit réelle, c'est cela, le rêve.

*Quelle est donc la différence entre le sommeil profond et la journée ? Est-ce que tu fais l'expérience d'une différence ?*

Non, je ne la fais pas. Non pas que je vive les deux de la même façon, mais parce qu'il n'y a pas quelqu'un qui fait l'expérience de. C'est l'inconnu, qui apparaît en tant que sommeil profond et en tant que « être dans la journée ». Les deux sont ce que c'est en apparence, mais pour personne.

*La libération n'est donc pas le sommeil profond ?*

SI la libération était le sommeil profond, ce serait un état. La seule chose qui soit un indicateur,  c'est l'absence de celui qui fait l'expérience de. Vue comme ça, la libération est le sommeil profond – le sommeil éternel de celui qui jusque là était réveillé. Mais : celui qui fait l'expérience de est illusoire. La conscience est illusoire, sa fin donc aussi. Vu de cette façon, il n'existe pas de libération en tant qu'état réel.

*Et en tant qu'état irréel ?*

Qu'est ce donc qu'un état irréel ?! La présence est illusoire, comment pourrait-il y avoir une vraie libération de cette présence ? C'est tout simplement impossible.

# Tout est vide 2

*Est ce que je dois arrêter de nommer les choses ? Dans le zen c'est souvent ce qu'on conseille, justement dans le contexte de la vacuité.*

Non, il n'y a ici aucun conseil en ce genre. Nommer les choses apparaît – dans la libération aussi. Le dilemme de l'apparent moi est qu'en nommant les choses il vit dans la réalité. C'est à dire qu'il s'attend aussi à un contenu autonome, à savoir que le fait de nommer, qui est vide également, soit inhérent à une vérité autonome. C'est le rêve. Le rêve d'une réalité autonome est bien entendu nourri, c'est à dire qu'il fait partie du vécu « je suis ». Au sein de cette apparente réalité sujet – objet, les choses sont simplement vécues comme étant des choses, elles sont perçues, connues. Ce n'est pas faux, mais c'est une réalité artificielle, qui peut en théorie (et aussi en pratique) s'effondrer à tout moment. Si cela arrivait, il apparaîtrait évident, pour la première fois, que rien n'a de réalité propre, y compris la vision de cette réalité.

**Dissociation**

*Y a-t-il une différence entre ce que tu expliques et la dissociation ? Pour moi, il y a beaucoup de similitudes, et quelque part aucune en même temps. Est-ce que tu es simplement dissocié ?*

La dissociation est un mécanisme psychologique, qui apparaît au sein de l'histoire. En principe il s'agit d'un état au sein du vécu personnel, même si ce n'est en fait pas vraiment vécu, ni racontable.

*Beaucoup disent qu'ils n'ont plus la sensation d'eux mêmes, et que tout leur apparaît irréel.*

Oui, mais c'est justement ce dont il est fait l'expérience. La dissociation est la réaction apparente à un vécu traumatique. C'est une fonction, si on peut dire. Le je se sépare tant de son vécu qu'il ne se retrouve même plus. Ce qui reste est un vécu de vide, d'irréalité et de non-sens. A première vue cela peut sembler similaire – du moins en partie – mais cela ne l'est justement pas. Dans la dissociation sont vécus vide, irréalité et non-sens. Cet état de dissociation est donc ce qui est vécu comme réel – du moins dans ces aspects. Il n'y a aucun lien avec ce qui est dit ici, même si certains mots peuvent sembler similaires à première vue.

*Mais n'y a-t-il pas aussi beaucoup de chercheurs spirituels qui en parlent en ces termes ?*

Oui, certes. « Je suis » est pour ainsi dire dissocié. Il se vit comme étant séparé. L'investigation de soi, l'attention, l'observateur neutre conduisent à une sorte de dissociation supplémentaire, artificiellement alimentée. Chez la plupart, on n'atteint pas le niveau de la maladie psychologique, mais il y a cette scission. Ce qui reste est un vécu de vide. Certains se sentent vraiment morts.

*Mais toi aussi, tu dis ça de temps à autre.*

Non, je ne dis pas ça. Je ne dis pas que je me sens mort. Je ne dis pas que je fais l'expérience de tout comme étant vide. Je ne fais pas l'expérience de l'absence de sens. Il n'y a personne ici pour faire l'expérience de. La libération – pour utiliser ce mot – est indescriptible, justement parce que ce n'est ni un état ni un vécu. Celui qui est dissocié vit l'irréalité comme une véritable expérience. La libération est l'apparente fin de la construction énergétique de « je fais l'expérience de quelque chose ». Et les deux sont ce qui arrive en apparence.

# Mort ou vivant

*Quand tu dis qu'ici, c'est vide, c'est menaçant pour moi. Ca ressemble à la mort.*

Oui, et du point de vue de l'apparent moi, c'est ce que c'est. Ce « moi » suppose que tout a une réalité autonome. Ca rend les choses tangibles. Sans ce contenu, tout disparaît, tout devient intangible.

*Oui, complètement. Qu'en est-il de la mort ?*

Vide, ça veut dire sans contenu. Pour l'apparent moi, c'est la mort.

*Et est-ce que c'est mort ?*

Oui, d'une certaine façon. La fin d'un contenu réel, c'est la fin des choses réelles. C'est la fin de la réalité en soi. Vu comme ça, c'est la mort.

*Mais parfois tu dis aussi que c'est totalement vivant.*

C'est les deux – ou aucun des deux. C'est juste comme tu le vois. « Etre assis sur une chaise » est, et n'est pas. C'est réel et irréel, pourrait-on dire également. « C'est, et ce n'est pas », c'est « vivant et mort ».

*Mais c'est de la folie.*

Oui. En apparence. En fait c'est la réalité naturelle. La

présence, l'existence, la création sont illusoires. Elles sont et ne sont pas. Ni maintenant ni jamais. Ni quelque chose ni rien. C'est le miracle.

*Oui, ça l'est. Fabuleux. Merci pour tout ça.*

## La réincarnation

*Est-ce que la réincarnation existe ? Est ce que la conscience continue à vivre après la mort du corps ?*

Non, il n'y pas de réincarnation, tout simplement parce que cette entité qui se croit vivante est illusoire.

*Est ce qu'on pourrait demander alors si la réincarnation apparaît ?*

Bien sûr qu'on peut le demander, mais il n'y aura pas de réponse satisfaisante. Et cette question est sans rapport avec ce message. Elle cherche une vérité qui n'existe pas dans une réalité qui n'existe pas non plus. Elle pose la question d'un futur qui n'existe pas.

*Mais pour moi c'est important.*

Oui, pour le moi c'est une question importante. Mais en fait tu n'existes pas. Dans le vécu de « je suis », il y a la supposition d'un vrai déroulement du temps, d'une expansion du temps et de l'espace. C'est cela le rêve. Il n'y a pas de déroulement du temps. Il n'y a ni passé, ni présent, ni futur. Ce qui se passera dans le futur n'a donc pas d'importance, puisque cela n'arrivera jamais vraiment. Celui qui vit est illusoire.

*Alors qu'est ce que tu penses des expériences de mort imminente ?*

Ce sont des expériences. Elles se déroulent dans la conscience, elles se déroulent au sein du vécu de « je suis ».

*Oui, mais il y a des cas où le corps était cliniquement mort.*

Oui, c'est possible. Mais on ne peut en parler, visiblement, que quand le corps n'était justement pas tout à fait mort. Et dans l'expérience, il y avait toujours « quelqu'un ». Je n'ai pas eu moi-même d'expérience de mort imminente dans le sens classique, mais tous ceux que j'ai rencontrés et qui m'en ont parlé confirment ce que je suppose : pendant tout ce temps ils étaient présents, ils étaient peut-être proches de la mort, mais ils sont revenus. Tout s'est passé au sein du vécu personnel. Et visiblement le corps n'était pas mort au point de ne pas pouvoir recommencer à fonctionner. Il n'y a simplement personne qui puisse dire ce qui se passe après la mort. Dans aucun des évènements de mort imminente n'a eu lieu le dernier soupir – physique ou imagé. Tout s'est passé dans la conscience – le vécu que «quelque chose» était présent : une lumière éblouissante, une conscience, autre chose encore... Et, comme je l'ai déjà dit, le dernier soupir physique n'a pas eu lieu.

*Il y a eu le cas d'un médecin qui est resté sept jours en état de mort clinique.*

Et bien oui, presque mort. Peut être que son cerveau était mort, ou quelque chose comme ça, mais il était intubé et son corps a continué à fonctionner jusqu'à un certain point. Il n'était donc pas complètement mort.

*Et la libération ? N'es-tu pas mort ?*

Oui, si on veut, je suis mort.

*Et c'est comment chez toi ?*

Aucune idée. Il n'y a pas de « chez moi ». Je ne suis pas revenu.

*Et qu'est ce que tu penses des souvenirs et des détails des vies antérieures ?*

C'est ce qui arrive en apparence. Mais, comme pour tout souvenir, ça n'a pas de réalité non plus. Rien de tout ça ne porte une propre vérité. En fait, le côté lointain des souvenirs ne joue aucun rôle. Rien de tout ça n'est vraiment arrivé. J'ai moi aussi des visions de vies antérieures. Cela fait-il du passé une réalité ? Bien sûr que non.

*Je crois que les bouddhistes décrivent très bien ce temps entre deux vies.*

Je n'y connais rien. Est ce que ce sont de pures suppositions, ou des récits d'un vécu ?

*Hm, je ne le sais pas non plus.*

Et ? Tu en sais plus maintenant ?

*Pas vraiment.*

Ta présence est illusoire. Ton apparente mort viendra – dans cette vie actuelle, ou dans deux cent vies. Ca n'a aucune importance. Rien de tout cela n'est réel. « Ce qui est » est ce qui arrive en apparence. C'est tout. Là où rien ne vit, rien ne peut mourir, sans même parler de renaître.

*Et ton moi, il ne pourrait pas revenir ?*

Non, il ne le peut pas. Il n'y a pas, et il n'y a jamais eu quelque chose comme « mon moi ». Je ne saurais même pas ce qui reviendrait. Tu sais, quand c'est fini, c'est fini.

*Mais tu dis tout le temps qu'en théorie tout est possible ; le retour du moi devrait donc aussi être possible.*

Comme je l'ai déjà dit, ce n'est pas logique. La mort de « je suis » est la mort de quelque chose qui n'a jamais existé. Dans cette mort – au dernier soupir, pour ainsi dire – il devient évident que rien n'est vivant. Il n'existe rien qui puisse mourir. Et là où rien n'est mort, rien ne peut non plus revenir. C'est cela, le miracle.

# Simplement laisser les choses se faire

*J'essaie désespérément de laisser les choses se faire, mais je n'y arrive pas. J'interviens constamment.*

Pourquoi veux-tu donc « laisser les choses se faire » ? Il n'y a personne pour faire ou devoir faire cela. C'est une imagination, c'est à dire l'imagination de l'apparent moi, qui veut devenir l'observateur éveillé, condescendant à « simplement laisser les choses se faire ». En dehors du fait qu'il n'y a personne pour faire ça, ce n'est agréable que tant que la vie se passe bien. Si ça venait à mal tourner, le moi devient soit une victime, soit très rapidement agissant.

*Oui, c'est vrai (rire).*

L'apparent moi a conscience de lui comme des deux : en tant que celui qui en fait l'expérience, il est victime des circonstances ou de la situation ; mais le moi croit aussi jusqu'à un certain point être également acteur, et pouvoir agir au sein de la situation. Et ça devient : « c'est dommage, mais je vais essayer d'en faire quelque chose de mieux ». Quelle blague (rire).

*Et toi ? Comment fais-tu ?*

Je ne fais rien. Il n'y a personne non plus qui voit la vie de façon séparée. Je n'ai aucune posture vis-à-vis de la vie, puisque ni moi ni la vie n'existons en tant que réalité autonome.

*Tu ne laisses pas simplement la vie se dérouler ?*

Non ; comment serait-ce possible ? Qui ferait ça ? Quelle vie ?
Pourquoi ? C'est l'idée de l'apparent moi qui croit que c'est ce
qu'il faut faire, ou que ce serait le bon chemin. Quelle blague.

*Mais je ne peux rien faire pour m'éveiller ?*

Oui, c'est vrai. Mais tu ne peux pas non plus ne rien faire. Tu
n'existes pas en tant qu'entité personnelle séparée. Faire et
laisser faire apparaît – et ni l'un ni l'autre n'ont de
signification. Le rêve est que tu fais l'un et l'autre, et que l'un
et l'autre te rapprochent d'un but. « Je suis » est illusoire,
exactement comme tout ce qu'il semble traîner derrière lui.

# L'éternité

*Est ce que l'univers est infini et éternel ?*

Il n'y a pas d'univers, pas plus qu'il n'y a de temps ou d'espace. En ce sens, j'emploie plutôt les mots atemporel et sans espace. Il n'y a pas d'expansion, qu'elle soit temporelle ou spatiale.

*Parfois je sens comme un espace infini.*

C'est une expérience.

*Pourquoi ?*

Tu en fais l'expérience.

*Oui, c'est vrai.*

« Je suis » peut faire l'expérience de l'étroit ou du large, en fonction de sa focalisation. Les deux peuvent être agréables ou désagréables, mais ça reste à l'intérieur de la construction « je suis », et n'a rien à voir avec ce dont on parle ici. Que ton expérience soit étroitement focalisée ou pas, cela reste une expérience, vécue au sein de la séparation. Vivre dans la focalisation ou pas, cela reste vivre dans une apparente séparation. « Je suis » se focalise sur l'apparent autre. C'est la séparation – et en même temps une réalité artificielle surajoutée. « Je suis » ne fait effectivement rien d'autre que vivre dans cette réalité. Il fait l'expérience d'un espace qui n'existe pas. Et il fait évidemment l'expérience de lui-même comme d'un centre qui existe tout aussi peu.

*C'est vraiment fou. Je n'ai encore jamais entendu ça. On entend partout que le moi n'est pas réel, mais je ne l'ai encore jamais entendu de cette façon là. Mais pourquoi une « réalité artificielle surajoutée » ?*

Et bien, il n'y a évidemment pas de « réalité artificielle surajoutée », puisque c'est justement ça le rêve : que « je suis » existe. Mais comme « je suis » n'est pas une entité par elle-même, il n'y a pas non plus de réalité artificielle. Il n'y a que ce qui est. C'est la réalité naturelle – la seule réalité qui soit.

## L'amour

*Je sens comme de la tristesse. A chaque fois qu'il est question d'amour et de proximité, je ressens cette tristesse.*

L'illusion est que tu en sois séparé. L'illusion est que tu sois quelque chose par toi-même ; une personne séparée de l'amour.

*J'en ai un tel désir.*

Oui, le désir fait partie du rêve d'être séparé. C'est le désir de la vie pour elle-même. Et pourtant, il n'y a pas de séparation. « Je suis » est illusoire. Vu comme ça, tu es déjà l'amour, exactement tel que tu es. Mais il n'y a personne pour en faire l'expérience.

*C'est dommage (rire).*

L'amour n'a pas besoin de faire l'expérience de soi pour être l'amour. « Je suis » n'a pas besoin de l'expérience de soi pour être ce qu'il est. C'est cela, la joie.

*Et la légèreté.*

Oui, « ce qui est » est totalement libre. Il ne pose pas de conditions – il n'a pas à être libre ou restreint, bon ou mauvais, éveillé ou non éveillé. C'est la liberté. Il peut être ce qu'il est. Il n'a même pas besoin de faire l'expérience de lui-même.

*Et est-ce qu'il y a là de la conscience ?*

Oui et non. Il n'y a pas là de conscience séparée, mais on

pourrait dire que l'unité apparaît en tant que conscience. Et ce n'est pas une entité autonome, mais simplement ce qui arrive en apparence. Conscience et conscience-présence sont illusoires, et donc l'unité même. Dans le rêve de « je suis », conscience et conscience-présence sont des instances réelles, que « je suis ». Vivre seulement dans la conscience et dans la conscience-présence signifie qu'on se vit comme étant « quelque chose ». C'est cela le rêve : se vivre comme quelque chose qui n'existe pas – car il n'y a pas d'instance « conscience » ni « conscience-présence».

## Au matin

*J'ai une question. Au matin, j'essaie quelquefois de devenir conscient avant que le moi ne s'éveille. Et parfois, je peux vraiment observer comment il se construit. Mais je ne peux pas l'en empêcher, et très vite je suis de nouveau tout à fait là.*

Oui, c'est vrai. Mais en fait, tu es déjà là avant. Dès que la conscience s'éveille, il y a quelqu'un qui s'éveille. C'est à dire que celui qui se vit comme étant la conscience en observation est déjà né. Dès lors, tu ne peux que regarder comment l'identité et son histoire se reconstruisent lentement.

*Mais je ne peux rien faire contre ça.*

Non, bien sûr que non. L'apparition de la conscience est ce qui arrive en apparence. Personne ne choisit d'apparaître. C'est l'unité même qui apparaît en tant que conscience, et donc en tant que séparation.

*L'apparition de la conscience... Hm ?*

Bien sûr qu'il n'y a pas vraiment quelque chose qui apparaît – c'est une apparente apparition. Cette conscience n'est pas quelque chose de séparé. Elle n'apparaît pas vraiment.

*Oui, je crois que je me suis trompé dans la compréhension du mot « apparition ».*

C'est possible. Par « apparaître », je ne veux pas dire un vrai processus d'apparition. Ce serait alors un acte de création, un réel aller et venir. Mais rien ne va ni ne vient. Rien n'apparaît.

Ce qui est est pas-de-chose, qui apparaît en tant que ce qui se passe en apparence. Ce qui est est réel et irréel, mais il n'y a pas de vécu d'un aller et venir.

*Certains disent pourtant que les choses ne sont pas réelles, parce qu'elles vont et viennent.*

Oui, mais il n'y a en fait pas de choses qui puissent aller et venir. Le vécu d'aller et venir correspond à un vécu personnel. Dans l'expérience temporelle de « je suis », des objets et des expériences passent et disparaissent. Un apparent sage pourrait conclure de ses expériences que pour être heureux, il ne faut pas s'accrocher à ce qui est transitoire. On pourrait appeler cela de la sagesse, mais cela vient d'une expérience personnelle. Il n'y a pas d'aller et venir. Il n'y a pas de choses, pas de réel déroulement du temps. Ce qui arrive est réel et irréel pendant que cela arrive en apparence. Rien n'est créé. Rien n'apparaît. C'est la surprise : rien n'existe en tant que « quelque chose », ce qui veut dire aussi : il n'y a pas de création.

*Wow.*

Oui, absolument.

## Prédestination

*Certains enseignants disent que tout est prédestiné.*

Comment peut-il y avoir une prédestination quand il n'y a aucun déroulement dans le temps ?

*Hm.*

C'est déjà une interprétation de l'apparent moi. Oui, ce qui arrive en apparence est absolument destiné à être comme c'est. Et là, « destiné » semble très significatif. C'est simplement comme c'est. Sans raison. Si on enferme ça dans une histoire, on peut en faire une histoire de destin. Ce qui est est atemporel. Ni prédestiné ni hasardeux, ni en mouvement ni immobile. Qui voudrait se croire en sécurité du fait de cette prédestination ? La sécurité n'existe pas. Oui, ce qui est, est. Il n'y a rien à en dire.

## La cohérence

*Pourquoi y a-t-il séparation ?*

Il n'y en a pas.

*Pourquoi y a-t-il alors ce vécu d'être « moi » ?*

Il n'y a pas de vécu d'être « moi ». « Je suis » n'est pas réel, et ne l'a jamais été. C'est l'unité qui apparaît comme le vécu d'être « quelqu'un ». Pourquoi ? Sans raison. Même « je suis » apparait pour rien, et pour personne.

*Sans raison ?*

Non. Il n'existe même pas. Ce qui est n'a pas besoin de raison pour être comme c'est. C'est la liberté.

*Et est-ce que ça connaît la morale ?*

Non, ça ne la connaît pas. Ce qui est est amoral. Ce n'est ni bien ni mal, pas plus que cela ne se développe. C'est simple – simplement ce que c'est.

*Certains le décrivent comme l'amour absolu. Je n'arrive pas à m'y retrouver.*

Oui, la liberté est l'amour. La surprise est que ce qui est, en l'absence de celui qui fait l'expérience de, est cohérent. Bien sûr, c'est aussi cohérent avec celui qui fait l'expérience de – mais pas dans son expérience. On peut tout à fait voir cette cohérence comme de l'amour. Il n'y a pas de conditions.

*Ah...Oui.*

Le miracle est que c'est cohérent tel que c'est – et non pas comme l'apparent « moi » imagine la cohérence. Là il y aurait des conditions : « ce sera bien seulement quand ce sera comme ci ou comme ça », « ce ne sera vraiment bien que lorsque je serai éveillé », et ainsi de suite. C'est le rêve. Ce qui est est ce que c'est sans conditions. C'est libre.

*Est ce que tu connais cette cohérence ?*

Qui pourrait la connaître ? Personne ne la connaît. Elle est la réalité naturelle. « Je suis » n'y a aucun accès par son vécu – bien qu'il la soit aussi ! La libération est la fin du vécu d'incohérence. Ce qui reste est la cohérence – mais pour personne.

## Plus personne

*Elève : qu'est ce qui se passe avec les personnes qui viennent te voir ?*
Maître Zen : ce ne sont plus des personnes.

*C'est de plus en plus difficile pour moi de conserver une histoire qui me concerne. Tout est complètement désordonné et fouillis. D'une certaine façon je n'y arrive plus.*

Oui, cette histoire est un rêve. Elle n'existe pas. Elle fait partie du vécu d'être « quelqu'un ». L'apparent moi se voit comme quelque chose de réel. Il vit dans son histoire personnelle, il la compare toujours à son état d'être, il la renouvelle et la raconte – à soi-même et à ceux qui veulent l'entendre. Il vit dans l'illusion de la continuité. Il n'y a ni moi ni histoire, ni existence d'une continuité.

*Je ne sais même plus ce que je suis, ni qui je suis. Je ne sais même plus ce que veut dire être « humain ».*

Oui, naturellement. Il n'y a pas d'humains. Il n'y a personne. Qu'il y ait « quelqu'un » est le rêve. La libération, ce n'est pas se réveiller du rêve – c'est la fin du rêve.

*Il semble aussi que le « moi » a perpétuellement une image de soi ; et il essaie de maintenir cette image.*

Oui, ce « je suis ainsi » fait partie de l'histoire. L'apparent moi essaie de se comporter conformément à son image. Il croit vraiment qu'il y a là une entité réelle, un réel humain qui existe dans le temps et l'espace.

*Je n'y arrive vraiment plus.*

Oui, bien sûr. Comment le pourrais-tu ? Rien de tout cela n'est réel.

*Ce que je remarque aussi, c'est comment je veux utiliser ce message pour mieux arriver à vivre. Je me dis continuellement des phrases comme « ce n'est que ce qui arrive », pour tout traverser. Et parfois ça marche.*

Oui, comme n'importe quelle méthode, ça peut sembler fonctionner pendant un temps. Naturellement, ça ne fonctionne pas vraiment – cette méthode aussi nécessite quelqu'un qui y travaille en permanence. Tout apaisement momentané ressemble plus à un pénible repos avant le moment suivant. C'est ok, mais ça n'a rien à voir avec ce message. Et oui : l'apparent moi se sert aussi de ce message pour en faire quelque chose.

*Oui, je l'utilise pour échapper aux émotions trop intenses.*

Comme déjà dit, c'est ok mais ça n'a rien à voir. Oui, il n'y a « que » ce qui en apparence arrive. Même ta tentative d'y échapper est ce qui arrive en apparence – et pourtant cette tentative est illusoire, parce que tu es illusoire. Il n'y a pas d'humains, pas d'histoire, pas de continuité. Il n'y a aucun réel déroulement dans le temps. Il ne se passe rien – ou, mieux : pas-de-chose.

*Certains enseignants conseillent d'être dans le moment*

*présent.*

Mais qui ferait cela ?! Et dans quel moment ?! Et là non plus, rien n'est faux, mais ça n'a rien à voir avec ce message. Il n'y a ni toi ni un moment dans lequel être. C'est hors sujet.

*Mais pas pour moi.*

Oui, exact. Pas pour toi (rire).

## La mort

*C'est quoi, mourir ?*

Une illusion.

*La mort existe-t-elle ?*

Non, il n'y a pas de mort. Il ne peut y avoir de mort puisqu'il n'y a pas de vivant. « Je suis » est le rêve. « Je vis » et « je vais mourir » est le rêve. Comme cette présence est illusoire, la mort l'est tout autant.

*Le thème de la mort me préoccupe beaucoup.*

Oui, du point de vue de l'apparent moi, « mourir » est bien sûr quelque chose d'énorme, une montagne immense qui barre le chemin. L'apparent moi ne possède que « sa vie ». De ce point de vue, tout ce qui est intéressant s'arrête à sa mort. Il n'a pas accès au fait que vie et mort soient illusoires.

*Oui, certes.*

Le « je suis » ne consiste qu'à se vivre en tant que cette personne vivante. C'est sa seule réalité. C'est pour ça que la vie est si importante.

*Et tu crois que c'est pour ça qu'il aimerait tant survivre ?*

Oui, tout ce que possède l'apparent moi, c'est « ma vie ». Et puis je crois que l'apparent moi, quand il s'agit de sa mort, pense « Stop ! Il doit y avoir encore quelque chose. Ca ne peut pas avoir été seulement ça ». Il est certain qu'il y aura encore quelque chose. C'est cet espoir caché de la libération.

*Oui, il devrait y avoir encore quelque chose. J'ai encore tant d'espoir.*

Oui, mais rien ne viendra plus. L'illusion qu'il y a encore quelque chose à venir fait partie du vécu de « je suis ». « Je suis » vit dans un déroulement du temps qui n'existe pas. Et puisque ce qu'il vit lui paraît insuffisant, il suppose que ce qui est « Vrai » va encore arriver. Si je mourais maintenant, je n'aurais donc jamais été vraiment heureux. C'est aussi pour ça que c'est si important pour l'apparent moi de survivre. Il voudrait partir heureux.

*Et est-ce que c'est possible ?*

C'est justement ça la blague : « je suis » ne partira jamais comblé comme il l'espère. Par chance ce n'est pas réel… (rire). « Je suis » ne vit que par sa méconnaissance de l'unité. Comme il n'est pas réel, il n'y a rien qu'il puisse manquer non plus.

# Arriver

*Andreas, je me sens complètement livré à moi-même ici. Quelque part ça fait du bien, mais c'est aussi tout nouveau.*

Oui, c'est ce que « je suis » peut vivre de plus existentiel : être totalement livré à soi-même. « Me voici pauvre fou maintenant, et pas plus sage qu'auparavant» (Faust de Goethe).

*Comme si j'en étais revenu au tout début.*

Oui, rien n'a changé. Tout ce vécu, toutes ces idées, ce qui m'arrive, où je suis, où j'en suis arrivé, tout est caduc. Rien ne s'est jamais passé. Ce qui se passe avec ce « être complètement livré à soi-même », c'est que cette histoire est pour un moment à l'arrêt. Ce qui reste, c'est ta seule présence.

*Mais ça aussi, c'est encore dans l'histoire.*

Oui, bien sûr. C'est en quelque sorte ta porte de sortie : « me voilà », libre quelque part dans l'espace, ici, maintenant, présence tangible.

*Oui, c'est ce que je suis.*

Oui, c'est « je suis ». Sans l'histoire, ça peut vraiment être quelque chose d'agréable. Une respiration, une pause dans les histoires désagréables et les pensées quotidiennes. Ici, pas de punitions, pas de disputes, rien. Mais bien sûr seulement tant que « je suis » ne retourne pas dans l'histoire.

*Mais je ne peux pas rester ici ?*

Non, bien sûr que non. Le moi retourne automatiquement à ses histoires. Rester « ici » est le rêve de l'apparent moi – et le rêve de beaucoup d'enseignants spirituels. Mais ce « sans histoire » n'est pas la libération. C'est une courte pause au sein du vécu « je suis », au sein de l'histoire personnelle. C'est agréable – pendant un temps. Mais cela retourne automatiquement dans l'histoire. Ca doit être comme ça, c'est simplement comme ça. Tout simplement parce que la pure présence de « je suis » est désagréable. C'est le plus pur vécu de présence, et donc le plus pur vécu de séparation. Bien sûr qu'il y a un retour à la dispersion. Il le faut. Quelques maîtres spirituels enseignent alors comment revenir à cet « endroit », grâce à l'attention. L'idée est qu'on pourrait s'entraîner à ça, et donc toujours plus « y » rester.

*Oui, je m'entraine à ça.*

Et ? Comment tu y arrives ?

*Et bien, il n'y a pas vraiment de réussite concluante.*

Naturellement. Ce n'est pas possible. Aussi bien la pure présence ici et maintenant que l'apparent tourbillon dans l'histoire font partie du vécu de « je suis ». Rien de tout ça n'est « cela ». Aucun des deux n'apporte la complétude. Cette présence – qu'elle soit pure, ou dispersée – est le rêve. « Je suis » est le rêve. Cette présence n'existe pas en tant que réelle présence. Elle est le rêve – et, comme elle, tout mouvement. Rien ne « va et vient », rien ne « rentre à l'intérieur ni n'en ressort ». L'attention est une histoire. Qui est attentif ? Qui vit dans la conscience personnelle ? L'apparent moi, bien sûr. Quelque attrayants que soient ces petits jeux, ils ne sont rien de plus que des jeux spirituels. Ils font partie du rêve de « je suis ». Si « tu » meurs, ils meurent avec toi. En apparence, bien sûr, puisqu'il n'est rien qui puisse mourir. C'est le miracle.

## Volontairement

*Tu dis souvent que « je suis » est continuellement en train de chercher et de souffrir. Qu'en est-il alors des gens qui sont relativement heureux ? Chez beaucoup, tout se passe à peu près bien. Ils sont heureux, donc ils ne sont pas en recherche.*

Oui, c'est vrai. Le vécu d'être « quelqu'un » est très subtil pour la majorité, voire absolument normal. Ils mènent une très bonne vie – apparemment. Parce que c'est ce qui se passe en apparence, et l'apparent moi n'y a aucun mérite, même si c'est vécu ainsi. Mais oui, pour la majorité, « je suis » ne semble pas être un problème.

*Et ils ne sont pas en recherche. Ils vivent simplement une vie normale.*

Je ne dirais pas vraiment ça. La recherche est dispersée, et sert principalement à jongler entre différents intérêts : travail, carrière, famille, enfants, maison… C'est une recherche dans les symboles de statut social, de morale, de sécurité, en fait la vie tout à fait normale. Et si ça sort des rails, la recherche devient plus désespérée. Dans la recherche spirituelle, l'énergie semble plus concentrée, mais le vécu de « je suis quelqu'un » qui peut et doit faire des efforts pour un avenir meilleur, fait partie du vécu de « je suis » - et ainsi, fait partie aussi du vécu des gens « normaux ». « Pas de moi » ne cherche pas.

*Alors je suis déjà très avancé ? Pourquoi donc suis-je ici ?*

C'est ce qui arrive en apparence. « Tu » n'es pas ici parce que tu as avancé, mais parce qu'il n'y a personne et que tu n'as pas le choix. Si tu existais et si tu avais le choix, tu ne serais pas ici.

*Bon, c'est agréable d'être ici.*

Mais il n'y a rien ici. Personne ne vient volontairement à ces réunions, il n'y a que ceux qui ne peuvent pas faire autrement qui restent ici. S'il y avait le moindre espoir ailleurs, c'est là où tu serais.

*Oui, c'est vrai. Il n'y a plus rien qui m'attire vraiment. Je ne peux en fait plus aller ailleurs.*

Oui, tous les espoirs se sont effondrés.

*Presque tous.*

Bon, et bien les derniers vont mourir ici (rire).
La mort de « je suis » n'est rien qu'on puisse choisir. « Je suis » se bat de toutes ses forces contre ça. Tant qu'il le peut, tant qu'il suppose qu'il y a quelque chose d'autre là-bas, ou là dedans, c'est là où il irait. Mais oui, tout est vide. Il n'y a pas d'espoir, et en même temps pas de porte de sortie.

*Mais je suis volontiers ici.*

Oui, n'avoir aucun espoir est la liberté. Ne plus avoir l'illusion d'un autre échappatoire est la liberté. L'espoir de l'accomplissement et l'illusion que le désir puisse être comblé, c'est le rêve. Toute proposition jette de l'huile sur le feu de la recherche – on pourrait décrire toute cette construction comme étant de la souffrance, du moins dès le moment où elle ne fonctionne plus. Tant que se maintient l'illusion que « je peux atteindre mon but », on ne voit pas à quel point tout ce jeu d'espoir, de recherche, d'apprentissage et de trouvailles est douloureux. Ne pas reconnaître cette construction, c'est la liberté. Il n'y a rien à trouver. Il n'y a rien à faire, rien à laisser. Il n'y a rien de perdu. « Celui qui est perdu » n'a jamais existé.

*C'est vraiment merveilleux.*

Oui, ça l'est.

## Prises de conscience

*J'ai eu beaucoup d'aperçus, de prises de conscience, mais le big bang n'est toujours pas là.*

La libération n'est pas une prise de conscience. Comme il n'y a rien de réel, il ne peut pas y avoir de réelles prises de conscience. Elles arrivent, mais n'ont pas de signification.

*Moi qui croyais être sur le bon chemin...*

Le développement fait partie du rêve de « je suis ». Derrière toute prise de conscience que l'apparent moi vit comme réelle, il y a la supposition qu'elle est un grand pas en direction du but, et qu'elle a au moins apporté un réel « mieux ». « Je suis » ne voit pas que cet apparent événement qu'est la prise de conscience est tout et rien, et qu'il n'y a ni but ni signification.

*Oui, c'est vrai, après chaque prise de conscience je me disais « un pas de plus ».*

L'apparent moi vit dans l'illusion de son développement. Il suppose que tous les « mieux » s'additionnent et finiront un jour en un vrai « Bien ». C'est le rêve.

*Mais n'y a-t-il pas un « mieux » ? Au moins en apparence ?*

« Mieux » est illusoire. Il n'y a pas de vrai « mieux » - il ne peut pas y en avoir, parce que ce qui est est déjà absolument « Bien ». « Mieux » est aussi illusoire que « pire ».

*Tout est donc toujours « bien » ?*

« Bien » est un mot difficile. « Bien » et « mal » n'existent tout simplement pas en tant que réalité. Ils sont tout.

# Incompréhension

*Depuis quelque temps il y a toujours ces conditionnements qui reviennent, et je repars à fond dans l'histoire. Alors je me dis que j'ai de nouveau perdu ça. J'ai eu tellement longtemps ces merveilleux moments de silence, mais c'est fini. Et en même temps je remarque que je ne suis absolument pas aux commandes.*

Oui, c'est vrai. « Repartir dans l'histoire » est ce qui se passe en apparence. Et alors ?! Qui s'en préoccupe ?! L'apparent moi, qui aimerait tant être éveillé, préfèrerait que tu restes assis en silence sur ton coussin de méditation. C'est un vrai miracle que ce soit ça qui apparaisse.

*Oui, c'est vraiment un miracle. Cela ne correspond pas du tout à l'image que j'ai de l'éveillé.*

Bien sûr. L'apparent moi croit en un éveil personnel, il a plein d'idées sur ce à quoi cela doit ressembler, sur comment il se sentirait. C'est le rêve. Parce qu'il n'y a aucun éveil au sens où le suppose l'apparent moi.

*Ces derniers temps, j'ai utilisé la non-dualité pour ne pas croire à ces choses qui remontaient.*

Ca peut arriver. L'apparent moi va aussi essayer d'utiliser ce message comme bouée de sauvetage. Et bien sûr, ça va échouer. Il n'y a pas de mode de vie ou de méthode de non-dualité. C'est une sottise totale – mais c'est comme ça que vit l'apparent moi : il entend ce message, croit le comprendre, et essaie d'agir en conséquence. « Les conditionnements ne sont pas réels ? Ca veut dire que je ne dois plus en avoir ». Mais ce qui arrive en apparence montre autre chose : « je suis » fait tout le temps exploser l'image qu'il a de l'unité, tout autant qu'il explose à ce qui arrive en apparence.

*C'est vraiment totalement libre.*

Oui, absolument. Il n'y a ni juste ni faux. « Je suis » vit de ces mouvements. Il ne connaît rien d'autre. Il vit dans la compréhension, mais toute compréhension est illusoire. En ce qui concerne ce message, toute compréhension est une incompréhension. Et « incompréhension » peut aussi être mal compris (rire).

# Il n'y a pas de fin

*Parfois tu dis qu'il n'y a pas de fin. Je trouve ça violent, puisque j'espère une fin à ma recherche.*

Oui, il n'y a pas de fin. Il n'y a pas de fin, parce qu'il n'y a jamais eu un commencement. La création est illusoire, ça signifie qu'il n'y a pas de vraie création. Création et source sont un – il n'y a rien à séparer. Pour les séparer en absolu et relatif, il faut l'histoire de deux existences réelles dans le temps et l'espace.
Il n'y a pas de fin à « je suis », parce que « je suis » n'a jamais existé. Il n'y a pas d'arrivée parce que personne n'est en chemin.

*Mais beaucoup de maîtres spirituels le disent.*

Oui, c'est vrai, mais beaucoup le disent de par un vécu personnel. Alors il n'y a pas de fin, non pas parce que rien n'a jamais vraiment existé, mais parce que le vécu « être sur un chemin » ne finit jamais. Ainsi, « quelqu'un » qui se trouve depuis 50 ou 60 ans sur un apparent chemin spirituel, peut dire qu'il n'y a pas de fin : parce que pour lui, il n'y a pas de fin.

*C'est aussi ce que je vis. Mais je cherche la fin.*

Oui, bien sûr. « Je suis » se vit comme étant présent, dans un déroulement du temps. Il se passe continuellement quelque chose. Il y a continuellement quelque chose de nouveau avec lequel « je » doit composer. Même dans cette apparente maîtrise spirituelle reste le vécu d'un chemin, d'un déroulement, d'un développement. Et comme ce vécu personnel n'a pas de fin, là aussi il peut y avoir ce récit qu'il n'y a pas de fin ni d'arrivée définitive. Certains le voient comme de la sagesse. Jusqu'à un certain point, ça peut même être libérateur ou consolant. Cela donne la liberté à la recherche de ne pas devoir s'arrêter. L'apparent maître spirituel te donne la liberté de continuer à chercher, c'est à dire celle de ne pas devoir mourir, avec cette phrase : « le chemin est le but », ou « continue tranquillement à chercher jusqu'à la Saint Glinglin, puisque c'est aussi ce que je fais ». Quelle blague. Le vécu personnel n'a pas de fin, parce que le vécu d'être sur un chemin ne finit pas ; dans la libération il n'y a pas de fin, parce que rien n'a jamais vraiment commencé. L'existence est illusoire.

*Tu veux dire par là que tout ça est une illusion ?*

Non. Je ne dis pas que ce qui arrive est une illusion. C'est illusoire. On pourrait aussi dire que c'est réel et irréel. C'est et ce n'est pas.

*Je ne peux pas du tout le comprendre.*

Oui, c'est incompréhensible. « Je suis » ne vit que « réel ». « Réel et irréel » lui reste caché. Non pas en tant qu'idée mais en tant que vécu. Ce qui arrive en apparence est un. Ce qui arrive n'est pas une illusion – c'est « cela ». L'illusion est que c'est quelque chose de réel. L'illusion est que ce moment est un événement réel dans le temps et l'espace, qu'il se produit vraiment ici et maintenant, en opposition à un « avant », un « après », un « là-bas ».

*Certains disent aussi que la seule chose qu'on ait, c'est ce moment.*

Oui, et alors il faut y entrer… (rire). Ce moment n'existe pas. Personne ne l'a. Personne ne le vit. L'apparent moi vit un moment dans le temps et l'espace – apparemment ! – et cherche alors comment le rendre « total » pour lui. Une idée, pour ça, est d'être totalement présent, et de le vivre aussi intensément que possible. Du point de vue de l'apparent moi, cette idée est compréhensible : « plus je suis présent, plus je vis, plus pleine sera mon expérience. Et si j'arrive à être totalement là, mon expérience sera complète ». Quel rêve.

*Mais c'est comme ça que c'est enseigné. On doit être totalement dans l'ici et maintenant.*

Oui, mais c'est une histoire. Si quelqu'un te conseille de rester dans le moment présent, il te conseille de rester présent, donc séparé. La présence personnelle est illusoire – la tentative d'être plus présent est une méthode, un état artificiel au sein du vécu de « je suis », qui peut sembler intéressant pendant un temps, mais qui demande aussi un travail permanent. Ce n'est rien de moins que l'enfer, tout comme ce conseil d'être « conscient ».

*C'est comme si ce « moi » était mauvais.*

Non, le « moi » n'est pas mauvais – il n'est même pas réel. Du point de vue de l'apparent moi qui veut s'éveiller, mais qui en est empêché par sa propre présence, il peut sembler qu'il ne doive pas exister. Le dilemme est qu'il n'y a pas d'éveil de quelque façon que ce soit. « Je suis », en ce sens, n'empêche absolument rien. Et se voir comme « quelqu'un » est illusoire. L'apparent moi n'a tout simplement pas accès au fait que tout ce drame de la recherche d'accomplissement est illusoire.

Quand toute cette construction s'effondre, ce n'est pas une expérience d'éveil qui reste, mais pas d'expérience du tout. Que ceci soit alors tout, c'est le miracle.

*Certes. Quand j'entends « pas d'expérience du tout », ça paraît tout à fait ennuyeux et inintéressant.*

Oui, bien sûr. Pour « je suis », seule compte son expérience. Il ne connaît que lui-même et son expérience. Ce qu'il cherche n'est pas la libération, mais une expérience absolue. Ne plus faire l'expérience de rien, ce serait l'enfer pour l'apparent moi. Ce serait la perte totale. Mais la libération n'est pas seulement la fin de l'expérience, c'est aussi la fin de celui qui fait l'expérience. Ce qui reste est rien – au sens de rien de particulier – et tout.

# Deux mondes

*Tu parles souvent de deux réalités – la réalité de « je suis » et la réalité naturelle. Comment cela peut-il aller avec le fait qu'il n'y a pas de séparation ?*

Il n'y a pas deux réalités. Il n'y a pas de réalité artificielle de « je suis » qui serait séparée de la réalité naturelle. C'est déjà le rêve de « je suis » qu'il y ait deux réalités. Le vécu d'être une réalité n'existe pas vraiment.

*Comment est ce que je peux découvrir ça ?*

Pas du tout, en ce sens. Celui qui veut le découvrir est cette apparente réalité séparée. L'unité n'est pas à découvrir – elle est tout.

*Qu'est ce que je peux faire alors ?*

La question ne se pose pas vraiment, c'est à dire qu'elle fait déjà partie d'une réalité qui n'existe pas. « Je suis » est totalement coincé. Ce n'est pas seulement qu'il ne peut rien saisir, il n'est déjà même pas vu comme quelque chose de réel. Il n'obtiendra rien, absolument rien. Et ne rien obtenir, c'est déjà, étonnamment, son vécu naturel. Obtenir quelque chose est illusoire et ne calme la faim que pour quelques instants. Pour parler précisément, la faim n'est même pas calmée pour quelques instants – la joie de l'apparent moi d'atteindre son but correspond à un court sommet – « je suis » atteint un sommet avec l'histoire « j'y suis ».

*Et il continue à le chercher tout le temps ?*

Oui, d'une certaine façon. Il suppose que l'unité est une bonne expérience qui se maintient. Comme l'expérience est la seule chose que connaisse « je suis » - « je suis » ne consiste qu'à faire l'expérience de – il cherche l'unité dans l'expérience. Donc chaque bonne expérience paraît être un pas vers l'éveil, l'illumination ou la libération. Et c'est sur cette histoire – j'ai réussi, j'ai fait un pas de plus – que « je suis » peut surfer, pour un instant. L'illusion est que tous ces « mieux » s'additionnent pour donner le « bien » final. Ce «bien» ne viendra jamais – il fait partie du rêve d'une arrivée personnelle.

## La saisie intuitive

*Andreas, ce serait possible que je n'entende jamais ça ?*

Oui, c'est possible. Huang Po parle de « la saisie intuitive du seul esprit ». La « saisie intuitive » est ce qui se produit en apparence, et ne suit aucune règle. On ne peut ni la réaliser volontairement, ni l'empêcher. De façon étonnante, cette « saisie » n'est pas le résultat d'un chemin passé, même si ça peut ressembler à ça.

*C'est justement ce qui serait ma question : la plupart de ceux dont j'ai entendu parler, à qui cela est arrivé, ont une histoire spirituelle antérieure. Peut être que c'est quand même bien de chercher.*

Et bien oui, tous ceux qui racontent l'histoire de la fin du « moi » ont été quelqu'un, en apparence, et ont donc naturellement cherché.

*Mais aussi de façon spirituelle ???*

C'est ce qui se produit en apparence. Et pourtant ce n'est pas une condition réelle. Je connais personnellement quelques personnes qui n'avaient pas d'histoire spirituelle avant leur premier éveil – le premier trou dans le vécu – mais qui ont à ce moment-là commencé leur recherche. Un éveil peut être une grande ouverture, déjà parce qu'il est si différent du quotidien du vécu de « je suis ». Que la recherche commence dès ce moment là est bien compréhensible. Mais chez beaucoup de gens, cela en reste à une ou plusieurs expériences d'éveil – même la recherche qui s'ensuit n'amène pas forcément à entendre ce message.

*Est-ce qu'il peut alors être entendu ?*

Non, pas vraiment. Cet « entendre » est une description très chaotique, parce qu'on comprend par cela un processus réel. Exactement comme pour la « saisie intuitive » de Huang Po. L'apparente fin de « je suis » ne nécessite pas que ce message soit entendu. Elle ne nécessite pas de venir à ces entretiens, de lire des livres ou quoi que ce soit d'approchant. Mais quand c'est ce qui arrive en apparence, c'est ce qui arrive en apparence. Venir à ces entretiens n'est pas faux non plus. C'est l'unité même qui apparaît en tant que cela.

*Ramana disait qu'il était nécessaire de faire des efforts jusqu'à la réalisation, mais que c'était inutile après.*

Je ne dirais pas ça comme ça, mais on peut certainement le voir ainsi. « Faire des efforts » n'est bien sûr pas nécessaire, mais tant qu'il y a quelqu'un, il y aura un genre de travail ou de recherche. En ce sens, la question ne se pose pas vraiment de savoir s'il est nécessaire de faire des efforts. L'idée de travailler en vue de sa réalisation s'effondre en même temps que celui qui fait des efforts. Ensuite, c'est sans efforts, dans la mesure où il n'y a plus personne qui cherche ni un état de réalisation. Il n'y a rien à réaliser. Ce qui est est déjà réalisé à 100%. Qu'il y ait besoin d'une réalisation personnelle additionnelle fait partie du rêve de « je suis ». La réalisation personnelle n'est ni possible ni nécessaire, puisque c'est justement la personne qui est illusoire. Quand la personne s'évanouit, l'idée de devoir réaliser quelque chose s'évanouit aussi.

## Perdre l'ego

*J'aimerais tellement perdre mon « moi ».*

Tu es déjà en train de parler de deux « moi » alors qu'il n'y en a même pas un seul (rire).
Personne n'a de « moi », donc personne ne peut perdre le « moi ». Même ce vécu d'être quelqu'un apparait pour personne. Même ce vécu de « je suis » est unité, qui apparaît comme cela. Personne ne fait « je suis », personne ne possède « je suis », personne n'empêche « je suis ». Mais cette idée que « je suis » ne devrait pas exister fait partie du rêve de « je suis ». Parce qu'en fait c'est « je suis » qui part de l'idée d'une réelle présence.

*On ne peut y échapper.*

Oui, absolument. On ne peut échapper à ce qui arrive en apparence. On ne peut y échapper parce que c'est tout.

*Mais je voudrais vraiment en sortir !*

Oui, « je suis » se vit comme étant enfermé, et parce qu'il ne fait que faire cette expérience, cela reste un vécu insuffisant. Mais il n'est pas du tout « enfermé ». Le prisonnier est illusoire. Il n'existe pas en tant que réalité autonome. En sortir n'est pas nécessaire.

*Alors il n'y a aucune liberté.*

Du moins pas dans le sens où l'apparent moi se la représente. Ce qui est est libre d'être ce que c'est exactement comme c'est.

Et d'un autre côté, c'est condamné à être exactement comme c'est. C'est la totalité absolue, et c'est justement ça la liberté. Comme tu es compris en « ce qui est », c'est totalement inconnaissable.

## Nettoyage

Il y a beaucoup d'écoles de nettoyage, de transcendance, d'épluchage de l'oignon, dans l'espoir d'arriver au centre. Il n'y a pas d'enveloppe, pas d'oignon. Il n'y a pas de couches, et surtout : il n'y a pas de vrai centre. Rien n'a besoin d'être nettoyé – être dans son humanité n'est pas une salissure sur le niveau absolu du pur être. Rien n'a besoin d'être nettoyé de l'existence humaine – rien n'est sali par la pensée voire le vécu d'être « quelqu'un ». Les écoles spirituelles et les enseignants en illumination prêchent un processus, enseignent un chemin pour but, car ils ne connaissent rien d'autre. Ils sont eux mêmes sur un chemin, vers un but futur, ou le but d'être sur le chemin. En apparence, car même là, il n'est personne.

## Le temps et l'espace

*Tu dis parfois « atemporel » et « sans espace ». Qu'est ce que tu veux dire par là ?*

Le vécu du temps et de l'espace font partie du rêve de « je suis ». Ni le temps ni l'espace n'ont de réalité propre.

*Oui, pour le temps je le comprends un peu. C'est une construction.*

Tout le vécu d'un déroulement temporel est illusoire. « Je suis » se vit comme « je suis ici maintenant ». C'est le début –

en apparence, naturellement. Dès qu'il y a un « ici », il y a un « là bas ». Et tu as l'espace. Et dès qu'il y a un « maintenant », il y a un « avant » et un « après ». Dès qu'il y a un, il y a quelque chose d'autre autour. Mais ce premier « ici et maintenant » est déjà illusoire. Il n'y a pas « ici et maintenant ».

*Je peux à la fois le comprendre d'une certaine façon, et je ne le comprends pas non plus.*

Oui, ça semble logique, et c'est en contradiction avec le vécu de « je suis ». Il peut en apparence le comprendre, mais se vit cependant dans le temps et l'espace. « Je suis » est un vécu énergétique ; la compréhension se fait au sein de ce vécu, elle est illusoire donc inutile. La libération n'est pas la compréhension que le temps et l'espace ne sont pas réels, mais la fin du vécu. Avec cette fin, le vécu dans le temps et l'espace s'arrête automatiquement.

*Et c'est comment, alors, sans temps ?*

Je n'en ai aucune idée. Je ne vis pas dans un état atemporel. L'expérience du temps n'est pas remplacée par une expérience d'atemporalité. L'atemporalité n'est pas vécue. Il n'y a tout simplement pas de temps. La même chose est valable pour l'espace et l'hors espace. La libération en elle-même n'est pas une expérience, mais la fin de celui qui fait l'expérience en tant qu'entité centrale. Celui qui fait l'expérience est le rêve – il n'a pas de réalité.

*C'est vraiment étonnant.*

# Les ressentis

*Comment tu fais avec les ressentis ? Il y a toutes sortes d'idées sur ce qu'on doit faire des ressentis. Dans le Zen, j'ai l'impression que les ressentis sont vus comme quelque chose de problématique.*

Oui, l'apparent moi peut vivre les ressentis de façon menaçante – s'ils sont intenses, il a l'impression de s'y noyer. Il prend de la distance pour survivre. Dans la libération, il n'y a personne qui vive les ressentis comme quelque chose de séparé. Ils sont simplement ce qui arrive en apparence, et donc l'unité même.

*Et toi, tu en fais quoi ?*

Rien, c'est à dire qu'il n'y a personne qui se positionne face aux ressentis. Il n'y a ni besoin de les amoindrir, ni besoin de les augmenter artificiellement. Ils ne sont pas réprimés, ni ne doivent être consciemment vécus.

*Je ne peux même pas imaginer ça.*

Oui, c'est vrai. « Je suis » voit ses ressentis comme quelque chose de séparé. En cela ils sont potentiellement dangereux, parce qu'ils menacent cette paix à laquelle veut croire celui qui fait l'expérience. En ce sens, celui-ci doit apprendre à les manipuler correctement. De peur de se noyer dans leur intensité, il les réprime en règle générale.

*Est-ce que ça peut conduire à des maladies ?*

Oui, en apparence. Et c'est donc ce qui peut se produire, en apparence. Les ressentis ne sont pas un problème – ils sont l'unité apparaissant en tant que cela.

*Est-ce que tu es parfois sentimental ?*

Oui, apparemment.

# Revenir ?

*Est-ce que le vécu de « je suis » peut revenir ?*

Non, cela ne se peut pas. Lors du dernier soupir, il devient évident que personne ne vit et que personne ne meurt. Comme rien ne disparaît, rien ne peut revenir.

*Est-ce que le moi revient de temps à autre ?*

Non, il n'y a rien qui revient de temps à autre. Mais comprends-moi bien, s'il te plaît : il n'y a pas un moi qui a vécu et qui est mort. Ce serait l'histoire. Il n'y a jamais eu « je suis ».

*Est ce que c'est un état stable ?*

On pourrait le penser, mais non, ce n'est pas un état. En même temps que « je suis », c'est le vécu d'une continuité qui s'effondre, donc le vécu d'un déroulement dans le temps.

*C'est comment alors ?*

Je ne sais pas. Je ne peux pas te le dire. Je ne suis pas là.

**Pour moi ?**

*Je me demande comment c'est pour toi d'être libéré.*

C'est impossible à dire. Il n'y a pas de « pour moi ». Il n'y a personne qui soit libéré.

*Tu n'en fais donc pas du tout l'expérience ?*

Non, pas du tout. Comme déjà dit, il n'y a personne qui fait l'expérience de quelque chose, donc il n'y a également personne qui fait l'expérience de la libération. La libération n'est pas un vécu. Elle est la fin de celui qui vit – quelqu'un qui n'a jamais vraiment existé.

*Donc je ne peux pas du tout en faire l'expérience ?*

Non, tu ne le peux pas. « Je fais l'expérience de quelque chose » est le rêve. Si le rêve s'effondre, il reste ce qui est. Et ce que c'est n'est ni objet d'un savoir, ni connaissable. La fin de « je suis » est la fin de « faire l'expérience de ». Ce qui reste est « vivre ». « Je » meurt. En apparence.

*Ah, il reste donc quand même quelque chose.*

Non. Quand je dis « vivre », je veux dire pas-de-chose.

*C'est quoi, pas-de-chose ?*

Dans le plus propre sens du terme, pas-de-chose. C'est ce qui arrive en apparence. Toi, moi, cette pièce, ces chaises, les tables, ces pensées, ces ressentis – tout cela est pas-de-chose.

Le rêve est que c'est « quelque chose ».

*Et le rêve ?*

Celui là non plus n'est pas réel. Cela fait déjà partie du rêve qu'il y ait un réel rêve. C'est le miracle : il n'y a pas de rêve. Il n'y a pas de moi, pas de séparation. La séparation est une illusion. Personne ne peut ni ne doit s'éveiller. Le rêve n'est pas réel. Rien ne te sépare de ce qui est tout.

*Et tous ces enseignements ? Toutes ces méthodes, tous ces trucs ?*

Ils viennent d'un vécu de séparation – un vécu qui n'a aucune réalité. C'est pour ça que tous ces enseignements, ces méthodes et ces trucs font partie de ce vécu. Ils n'ont pas de réalité et ne mènent nulle part.

*Mais rien ne mène nulle part, non ?*

Oui, absolument. Rien ne peut mener nulle part, puisque tout est déjà « cela ». Il n'y a « que » ce qui arrive en apparence – et c'est tout. L'apparent moi est naturellement tributaire du fait que ce qui arrive en apparence le conduise à un avenir. Il le vit dans la séparation, et donc de façon insatisfaisante. Le déroulement du temps fait simplement partie du rêve de « je suis ». Rien ne mène à l'accomplissement personnel. Il n'existe pas.

*C'est dur.*

Oui, c'est terriblement dur. S'il y avait séparation, cela voudrait dire que tu ne trouveras jamais la complétude. Mais comme la séparation n'est pas réelle, ça ne veut rien dire.

*Wow…*

Oui, c'est ça la beauté.

*Mais je le vis comme réel.*

Oui, ça aussi c'est la beauté.

# Vivre la fin

*Comment as-tu vécu le fait de mourir ? Qu'est ce qui s'est passé, exactement ?*

Je ne peux pas te le dire précisément. Le dilemme est que, lors de la mort, c'est le vécu lui-même qui meurt, c'est à dire l'illusion de survivre. « Je fais l'expérience de quelque chose » est le rêve. La mort n'est pas un nouveau « quelque chose », une nouvelle expérience, mais la fin du vécu en soi. L'étonnant est que rien ne meurt dans la mort. Vu comme ça, il ne s'est absolument rien passé. C'est la surprise absolue, et quelque part aussi une déception absolue mais merveilleuse : il n'y a pas de mort, et donc pas de libération. Tout est déjà complet – et en même temps tout simplement ce que c'est.

*Et qu'est-ce qu'il y a de merveilleux à ça ?*

Le merveilleux est qu'il ne manque rien. Le merveilleux est que dans la mort de celui qui croit vivre, rien ne se perd. Du point de vue de « je suis », c'est la perte absolue. Il perd tout, lui y compris. Le vrai miracle est que rien ne se perd.

*Oh oui, j'aimerais avoir ça aussi.*

C'est le rêve : que « je » puisse avoir ça. Certes, rien ne meurt, mais personne ne survit non plus. C'est à dire que dans l'éveil, personne ne s'éveille.

*Il ne reste donc rien ?*

Et bien, ce qui reste est l'inconnu. Pas-de-chose, pour ainsi dire. Pour personne. Il ne reste personne qui fait l'expérience de pas-de-chose.

*Et quand tu dis que c'est complet ?*

Ca aussi c'est pour personne. Personne ne fait l'expérience de complet. Personne ne fait l'expérience de « c'est cela ».

*Et il n'y a pas de conscience ?*

Aucune qui pourrait constituer une entité propre. Aucune qui serait consciente de « quelque chose ». Aucune qui serait consciente d'une quelconque circonstance, par exemple qu'il n'y a qu'unité.

*C'est fou.*

Oui, le rêve est qu'il y ait « quelque chose », quelque chose d'unique, de séparé, une entité personnelle – et c'est justement ça qui n'existe pas.

*C'est inimaginable.*

Oui, bien sûr. Il n'y a pas de « cela » qui serait imaginable.

## L'enseignant

*Tu dis toujours du mal des enseignants. Pourquoi ? Il n'y a pas de « vrai » ou « faux ». Ca me met très en colère. Qu'est ce que tu as contre les méthodes ?*

Je n'ai absolument rien contre les méthodes. Ca fait simplement partie du message que de montrer que ce jeu de chercher et de trouver est illusoire. Il n'y a pas d'enseignants, il n'y a pas de chercheurs. Rien n'est faux dans ce jeu de la séparation – et il est illusoire. Et c'est ce que tu vas entendre ici. Non pas parce que c'est juste. Non pas parce que c'est mieux. Tu entends cela ici parce que c'est ce qui arrive, en apparence. Et ça aussi n'est ni « vrai » ni « faux ».

*Ca veut dire que je peux tranquillement continuer à faire mes exercices ?*

Bien sûr que tu peux faire ça – ou que tu ne le peux pas. Si ça apparaît comme ça, ça apparaît comme ça. Et si non, alors non. Et oui, ça n'a pas d'importance. De la même façon, je ne peux pas non plus te le conseiller. Il n'y a personne. Il n'y a personne qui soit séparé et qui puisse devenir l'unité. C'est cela le rêve.

Et si l'apparent moi, en recherche, en demande, trouve un enseignant qui lui donne quelque chose – une réponse, une méthode, un exercice – cet apparent moi revit et repart heureux, les mains pleines. L'enseignant est également heureux, parce qu'il a pu aider. Ses élèves font des progrès. Dans ce jeu, il y a un enseignant et un élève, les deux sont réels et prennent place dans certaines configurations dans la vie, et il y a une hiérarchie. Tout ça est le rêve. Pour peu que le « moi » s'effondre, tout s'effondre. Il ne reste rien.

## L'enseignant

Bien sûr que ce n'est pas compréhensible. Alors l'enseignement fait de nouveau son apparition : tant qu'il y a quelqu'un, ce quelqu'un va chercher un accès à ce message. Un de ces apparents accès peut être le savoir, ou la compréhension. Ce qui est, pourtant, n'est ni l'objet d'un savoir, ni celui d'une compréhension. Le moi se casse les dents sur ce message. Il échoue dans sa tentative d'unité.

*Donc ce message n'est pas si simple.*

Si, il est terriblement simple. Il est terriblement simple parce qu'il est déjà. On pourrait dire également : « il est simple ». Mais « je suis » ne peut pas l'accepter. Et certes pas parce que « je suis » n'y serait pas apte intellectuellement. Il ne peut pas l'accepter parce que ce message contredit toute son expérience. « Je suis » ne consiste en effet que dans cette expérience de soi-même comme étant séparé – uniquement de ça. Comment pourrait-il accepter de ne pas être ? Même s'il trouve cette idée intéressante, même s'il peut s'en approcher intellectuellement, il ne « saura » jamais ce que c'est de ne pas être. Sa propre irréalité ne lui sera jamais accessible.

*Je ne serai donc jamais un ?*

Non, bien sûr que non. Qui donc devrait devenir un ? Il n'y a personne de séparé.

# Un maître ?

*Est-il important d'aller auprès d'un maître pour s'éveiller ?*

Non, ça ne l'est pas. En fait la question ne se pose pas vraiment, car elle part d'un agissant qui pourrait ou non bien faire quant à un but qui n'existe pas.

*Mais n'est-ce pas une aide ? Toi aussi tu as vu quelques maîtres.*

Oui, apparemment. C'est « mon » histoire – et tout ce qui est arrivé en apparence était absolument nécessaire pour que tout puisse être comme c'était, en apparence. Mais c'est une histoire. Tous ces liens, ces causes et ces conséquences sont construits. Je ne pourrais pas vraiment dire que ça s'est passé parce que j'ai rencontré Tony.

*Aller voir un maître est pourtant une très vieille méthode.*

Oui, et non, parce que personne ne peut t'aider. Rien ni personne ne peut provoquer ta mort, à moins que ce ne soit ce qui arrive en apparence. Il n'y a ni un Tony Parsons, ni un Andreas Müller. C'est le rêve : que j'existe, que Tony Parsons existe, que tu existes. Dans ce rêve ce sont des personnes réelles, qui vivent sur terre et ont réussi ou raté certaines choses. Tout ça est illusoire.

Ca n'a pas d'importance que « voir un maître » apparaisse ou pas, sans parler du fait qu'il n'y a de toutes façons personne pour choisir. Que « venir à ces entretiens » apparaisse ou pas n'a pas d'importance. Ici non plus il n'y a personne qui choisisse. Qu'on en ait besoin, c'est le rêve. Que ce soit faux également.

*Bon ben alors... (rire)*

Je ne peux pas te conseiller de venir, ni te conseiller de ne pas venir. Tout cela est l'histoire : « je suis là, et je peux faire juste ou faux ». « Faire faux » bien entendu se rapporte toujours à un but – la libération par exemple. Tout cela part du principe que tu existes. Mais c'est cela le rêve.

*Et comment est ce que je peux me réveiller du rêve ?*

Personne ne peut se réveiller du rêve. Celui qui veut s'éveiller est le rêve. Qu'il y ait un rêve duquel quelqu'un puisse s'éveiller est le rêve. « Je suis » espère pouvoir s'éveiller de sa conscience quotidienne pour être une conscience éveillée. C'est le rêve : qu'il y ait une future conscience éveillée. La conscience est illusoire.

*Tu parles plutôt de libération.*

Oui, mais la description n'a pas grande importance. Comme la libération est l'apparente fin d'un rêve, on pourrait aussi dire éveil. Mais personne ne survit à l'éveil, il n'y a donc aucun éveillé.

*Certaines personnes se disent pourtant éveillées.*

Oui, je sais. Pour moi, c'est absolument impossible. Non par fausse humilité, comme certains le supposent, non, c'est simplement impossible. Aujourd'hui il y en a beaucoup qui se considèrent comme tels, mais je suppose que cela vient aussi d'un vécu personnel, un vécu d'être éveillé, de quoi qu'il puisse bien s'agir. Pour moi c'est tout à fait incohérent. Je ne vois là aucun lien avec ce message.

*Dans certains groupes, c'était tout à fait mal vu de se dire éveillé.*

Oui, mais je soupçonne que ça venait plutôt d'une compréhension, d'une sagesse surajoutée. Quand cette restriction est venue contredire l'apparent vécu, il y a eu un genre de mouvement contraire. Alors c'est devenu de nouveau « tendance » de pouvoir se dire éveillé. C'est vraiment n'importe quoi. Chez moi ce n'est pas mal vu, c'est tout simplement impossible.

*Comment ça se fait ?*

Il y a plein de possibilités, mais toutes découlent d'un vécu personnel. Beaucoup d'apparemment éveillés, d'apparemment avancés, d'apparemment maîtres se trouvent pris dans un maelstrom de lectures, croyances, expériences spirituelles, prises de conscience, et de vécu personnel qui fait surface du moins de temps à autre. Ce qui en sort le plus souvent est un mélange de ces mots, une posture d'aide personnelle, une importance donnée à la signification, de la prétention et une humilité artificielle. Tous ces jeux entre maîtres et élèves en sont un exemple.

*« Ne quitte jamais le gourou ».*

Oui, ne quitte jamais le gourou, sinon tu erreras, prisonnier du rêve, pour d'innombrables vies et des souffrances éternelles. Cela sonne comme des écrits chrétiens, et pourtant on l'entend encore et toujours de la bouche de soi-disant maîtres spirituels reconnus.

*Et toi, tu dis quoi, déjà ?* *(rire)*

Il n'y a pas de rêve, pas d'éveil. Il n'y a pas de séparation, personne de séparé. Il n'y a rien à atteindre.

**Autres maîtres**

*Tu mentionnes parfois d'autres maîtres, par exemple Huang Po. Toi même tu as été chez Tony Parsons. Tu te places dans une tradition ?*

Non, pas vraiment. Ce message ne suit aucune tradition. Ce dont on parle ici ne peut être transmis de personne à personne. Cela ne suit aucune lignée, aucune tradition. Cependant il semble qu'il y ait toujours eu ce message, ou qu'il soit toujours revenu. Cela revient apparemment, de façon unique et toujours renouvelée. Ce que ce message a de particulier est qu'il ne provient pas de la conscience. Ce n'est pas un message personnel. Les message personnels sont toujours fondés sur cela : un vécu personnel, une tradition, une voie, une transmission d'informations, de responsabilités personnelles et l'idée d'un accomplissement personnel.

*Mais c'est très fréquent.*

Oui, c'est ce qui se passe d'habitude. La plupart des gens se voient comme « quelqu'un » - en apparence auparavant comme en apparence maintenant. C'est pour ça qu'il y a tant de messages personnels – jadis comme aujourd'hui. Les bibliothèques sont pleines de livres de conseils – alimentation végane, représentation de soi, la voie vers la fortune, jusqu'à la vie en pleine conscience dans l'ici et maintenant. On trouve également, venant du passé, d'innombrables écrits et traités théologiques, dont le contenu ne va quasiment jamais au delà d'un vécu personnel. Et puis, ici ou là, un message soi-disant non duel – bien qu'il n'existe en fait vraiment rien de tel – fait son apparition. Non qu'il soit meilleur ou ait plus de valeur, mais quelque chose y est décrit qui va apparemment au delà d'un vécu personnel, au delà d'une expérience de présence.

## Phénomène énergétique

*Quelque fois tu dis que « je suis » est un « phénomène énergétique ». Mais tel que je l'entends maintenant, ça n'existe pas non plus.*

Oui, bien sûr. Il n'y a pas de phénomène énergétique « je suis ». C'est le rêve : qu'il y ait « quelque chose ». Le vécu de « je suis » est ce qui arrive en apparence, mais il n'a pas plus de réalité autonome que tout le reste. Même « je suis » n'est pas séparé, c'est ce qui arrive en apparence. Il n'a pas d'essence propre. Il n'existe pas.

*Mais tout le monde en parle. Le moi par ci, le moi par là.*

Oui, tout le monde parle de quelque chose qui n'existe même pas.

*Mais toi aussi.*

Oui, mais toujours en ajoutant qu'il s'agit d'une description. En fin de compte, une description de quelque chose qui n'existe pas.

*Exact. Je n'arrive pas à le trouver.*

Oui, parce que ça n'existe pas. Cela n'a jamais existé. C'est le message : il n'y a pas de « je suis ». Toute présence est illusoire – cela concerne aussi bien le vécu de « je suis » que tout le reste qui semble être « présent ».

*Rien n'est donc réellement présent ?*

Non, rien n'est réellement présent. Il n'y a pas de création. Ce qui arrive est réel et irréel. C'est et ce n'est pas.

*C'est fou.*

Oui, du point de vue de l'apparent moi, c'est fou.

## Moi, partout

*Je vois lentement que je suis en jeu partout. C'est vraiment effrayant. C'est quasiment partout. « Moi » par ci, « moi » par là, « je devrais faire ça », « je dois faire attention », « c'est important », et tout à l'avenant.*

Oui, « je suis » ne voit qu'une chose : lui-même. Et le rêve de l'apparent moi est d'être ou de faire toutes ces choses. « Je suis » ne fait réellement rien de tout cela. Il ne vit que dans l'illusion d'être responsable de tout agissement.

*C'est comme si je ne voyais que « moi » partout.*

Comme déjà dit, la seule chose que connaît « je suis » est « je suis » et tout ce qui se déroule dans son rêve. Il ne connaît que le rêve.

*C'est vraiment fou. Et si j'imagine que tout ça disparaît...*

Oui, alors ?

*Je ne peux pas me l'imaginer. Quelque part, il n'y aurait alors rien... ou je ne sais même pas.*

Oui, ce n'est pas imaginable. Quelle que soit la force d'imagination, on finit à la limite du rêve de la présence. « Je suis » ne peut connaître que ce qu'il pourrait vivre. L'absence ou l'irréalité ne sont pas imaginables. « Je suis » échoue à la limite de son vécu.

*Oui, c'est vraiment ça. C'est comme si j'arrivais devant un mur.*

Oui, « je suis » reste devant le mur de son vécu, et n'a aucun accès au fait d'être lui-même le mur.

*J'aimerais tant passer de l'autre côté.*

Et te voilà de nouveau devant le mur. Parce qu'il n'y a rien à comprendre. Ce qui est est pas-de-chose. La libération n'est pas une reconnaissance au sein de « je suis », mais simplement sa fin.

*Comment puis-je arriver à cette fin ?*

Tu ne le peux pas. Même cette fin est une histoire. A la fin il s'avère que « je suis » n'est pas, et n'a jamais été réel. Rien ne trouve donc vraiment une fin. Il n'y a jamais eu « je suis ».

# Aller au-delà

*Est-ce qu'on peut aller au-delà de la non-dualité ?*

Il n'y a pas quelque chose, une circonstance ou un état de « non-dualité ». La non-dualité est une histoire. On ne peut pas aller au delà de « ce qui est », parce que tout « aller au delà » est aussi ce qui est. Ce au delà de quoi on peut apparemment aller est un concept de non-dualité. Certes, cela se passe alors au sein de l'histoire, c'est à dire au sein du vécu personnel. Beaucoup de gens ont un aperçu de ce qui est dit ici, mais y survivent. Dès lors, d'apparentes prises de conscience sont conceptualisées. Après quelque temps – le plus souvent quelques mois ou quelques années – ce concept de non-dualité s'effondre devant la propre expérience personnelle, il faut donc l'agrandir par un nouveau composant personnel. L'apparent moi vit cela comme un développement, ou un « aller au delà ». Mais il est apparemment allé au delà du propre concept de ce qu'il a cru comprendre, et il a alors un nouveau concept.

*Mais comment est ce que ça peut se passer ?*

Le dilemme est que celui qui a survécu à cette prise de conscience se vit à nouveau comme étant « quelqu'un ». La prise de conscience a été tout à fait authentique, et pour un temps, celui ou celle qui l'a eue semble se nourrir de la clarté de cette vision. Mais ce vécu personnel passé laisse place à un nouveau travail futur. La prise de conscience est intégrée, on s'y accroche, on la ressent, on la confirme, on l'approfondit – et on interprète tout ça comme un développement personnel indispensable.

*Il y a quelques enseignants qui proposent à la fois la non-dualité et des méthodes.*

Oui, ce qui correspond au vécu personnel sera enseigné. Et quand il y a apparemment quelqu'un qui interprète et se guérit, c'est ce qui sera retransmis. C'est tout à fait ok, c'est à dire que c'est ce qui arrive en apparence – et pourtant c'est la différence avec ce qui est dit ici. Il n'y a rien de tel que la « non-dualité ». La « non-dualité » n'est pas quelque chose à vivre. Elle n'a rien à voir avec la guérison, ni une voie, ni un éveil personnel. La personne n'existe pas. Il n'y a rien à intégrer, rien à guérir, rien à quoi s'accrocher – si ce n'est que c'est ce qui arrive en apparence ! Du point de vue de « je suis », on peut voir ça comme de l'immobilité. Mais chez Andreas il n'y a pas d'immobilité, de la même façon qu'il n'y a personne qui pourrait ou devrait en faire quelque chose.

*Est-ce que tu es arrivé ?*

Non, je ne suis pas arrivé. Il n'y a personne qui peut arriver. Tout ce vécu d'être sur une voie est illusoire. Qui donc pourrait arriver ?!

*Hm.*

L'apparent moi peut, pour un temps, avoir l'impression d'être arrivé à un concept de non-dualité apparemment éclairant. Cela semble être, pour un temps, une bonne explication. En fait, ça n'explique absolument rien.

*Ah ?*

Comme déjà dit, il n'y a pas quelque chose s'appelant « non-dualité ». Il n'y a « que » ce qui est. Oui, on pourrait le décrire comme « non-duel », mais en fait la façon de le décrire est totalement hors sujet. « Ce qui est » n'est pas connaissable et ne nécessite aucun savoir. Ce qui se passe en apparence n'a pas besoin de se connaître soi-même pour être. Sans compter que toute connaissance est illusoire, de même que ce qui arrive en apparence.

*Mais pourquoi alors certains semblent-ils quand même revenir à la transmission d'une méthode ou d'une voie ?*

D'abord parce qu'ils se voient encore comme « quelqu'un ». Quand il y a « quelqu'un », ce message est vécu, plus ou moins rapidement, comme étant insuffisant. Du coup, naturellement, il faut lui ajouter quelque chose pour le renforcer – une théologie, une voie, des méthodes, il faut l'affiner, etc. On peut penser aussi qu'il a été supposé que ce message soit une aide pour la personne. Mais cela aussi, passé un temps, se révèle illusoire. Ce message n'est justement pas une aide parce que la personne qui cherche de l'aide n'est pas vue comme quelque chose de réel. Du coup l'enseignant spirituel pourrait s'en détourner avec déception, ce message n'aidant ni lui ni ses élèves dans le sens où il l'avait espéré.

## Aucune aide

*Ce message n'est d'aucune aide. J'ai souvent l'impression d'avoir compris quelque chose, mais quand la vie devient plus dure, c'est de nouveau la souffrance. Je ne comprends pas.*

Ce message ne doit ni ne peut aider, puisqu'il ne reconnaît pas celui qui aurait besoin d'aide. Celui qui a besoin d'une porte de sortie est illusoire. Cette personne n'existe pas. Devoir échapper à la souffrance est le rêve.

*Et bien je voudrais y échapper.*

Il n'y a pas d'échappatoire.

*Je le sais, mais ça ne sert à rien.*

Oui, absolument, le savoir ne sert à rien. Cela fait partie du rêve qu'il pourrait y avoir quelque chose à comprendre. Jusqu'à un certain point ce message semble totalement logique. L'apparent moi « sait » comment fonctionne le moi, « comprend » le rapport entre la recherche et le fait de ne pas trouver. Mais il n'a pas accès au fait que rien de tout cela n'existe. Du coup il comprend un rapport, une réalité qui n'existent pas. Il n'y a pas de « je suis », il n'y a pas de séparation. Toute cette construction est irréelle. Il n'y a rien à comprendre.

*Si je pouvais seulement le comprendre ! (rire)*

Oublie ça. Ce « moi » est le rêve. Toute compréhension ne

serait qu'une expérience de plus au sein du vécu de « je suis ».

*Mais il y a compréhension.*

La compréhension, naturellement, peut apparaître, mais elle est vide – et en même temps, elle est tout. S'il y a quelqu'un qui fait l'expérience de, celui-ci vit cette compréhension comme quelque chose de réel, et vit donc une réalité. Alors il y a « moi » et « ma compréhension » - en apparence bien sûr.

*Et qu'est-ce que ça m'apporte, tout ça ?*

Rien. Ca ne t'apporte rien. Cela ne peut rien t'apporter, puisque c'est tout.

*Alors je ferais aussi bien d'aller ailleurs.*

Rien ne t'apportera quelque chose. Mais il peut y avoir l'illusion qu'il y a quelque chose. De l'aide, par exemple. Le renforcement de l'idée que tu peux faire quelque chose ; que tu es sur la bonne voie. Et en fin de compte, le renforcement de l'idée que tu existes.

*C'est plaisant à entendre, quand même !*

Oui, bien sûr que c'est plaisant. Du coup, « je suis » revit. Il vit dans l'illusion de « j'ai besoin de quelque chose », et il peut recevoir quelque chose. Le chercheur demande au maître : « Maître, que puis-je faire ? » Le maître dit : « tu dois t'exercer à lâcher prise ». Et « je suis » repart rayonnant, reconnaissant et à nouveau plein de forces. Le maître aussi s'est renforcé, puisqu'il a pu aider. Un jeu fabuleux – mais il n'a rien à voir avec la libération.

*Hm.*

De l'aide, il y en a partout. Il y en a même qui peut fonctionner. Apparemment. Pendant un temps. Et quand rien n'aide plus, tu cherches quelque chose de nouveau. « Je suis » appelle ça, alors, du développement. Mais ce qui, dans le fond, ne change jamais, c'est la construction de « je suis » : « je fais l'expérience de quelque chose », « ce dont je fais l'expérience n'est pas suffisant », et « je dois trouver ». Ce n'est pas faux, c'est l'unité même. Ce ne serait tragique que si c'était réel.

## Concentré sur l'éveil

*Cela fait si longtemps que je cherche l'éveil, et ces derniers temps je n'ai fait que souffrir. C'était vraiment terrible. Ne dis pas que c'était en vain.*

Si, bien sûr que c'était en vain. Il n'y a pas d'éveil. Mais c'était l'unité même qui apparaissait en tant que cela.

*J'étais vraiment désespéré.*

Oui, ça peut arriver. La recherche de l'éveil peut être très intense. L'apparent moi projette tous ses vœux, tous ses espoirs sur l'éveil, c'est à dire qu'il attend l'expérience parfaite et continue. Ainsi, chaque instant peut être un indicateur. Si la recherche est intense, chaque moment doit pouvoir répondre à la question « Y suis-je ? » ou « est-ce cela ? » Bien sûr qu'il n'y arrive pas, et « je suis » est en échec. Le dilemme est que sa simple présence signifie son échec.

*C'est à désespérer.*

Oui. « Je suis » se désespère dans ses tentatives de devenir un. De quelque façon que ce soit. Pendant longtemps, je voulais m'assurer d'être dans le moment présent – et à chaque fois que je me posais la question, évidemment, je n'y étais pas. Moi aussi j'étais désespéré, et je pensais pourtant que cela signerait ma totale dissolution.

*C'était intense pour toi aussi ?*

Rien d'autre ne m'intéressait. Enfin, pas grand chose.

*Je devrais alors arrêter ma recherche spirituelle ?*

Qui le ferait ? Pourquoi ? Il n'y a pas de recherche meilleure ou pire. La recherche d'une complétude personnelle dans le monde matériel – dans le sexe, les plaisirs, l'argent – est tout autant vouée à l'échec que la recherche de prises de conscience, de sagesse, de guérison ou d'éveil. L'argent est tout aussi peu « quelque chose » que l'éveil. Les deux sont pour ainsi dire vides. Les deux sont pas-de-chose. Ce que l'apparent moi en espère – un accomplissement personnel - aucun des deux ne l'apporte. Que les choses soient des « choses » qui « me » procurent quelque chose est le rêve. Il n'y a ni monde, ni choses, pas plus qu'il n'y a quelqu'un qui se serait perdu et devrait se retrouver.

# Mourir

*J'ai l'impression que ma vie entière se dissout. Je ne m'attendais pas à ça, je trouve ça douloureux. Et tout contrôle semble se dissoudre de la même façon. Je piétine, et piétine, et pourtant je n'avance pas.*

C'est donc un vrai combat pour survivre.

*Oui, absolument. Quelque part je peux bien voir que ce n'est pas vraiment réel – et pourtant, ça revient toujours plus fort, c'est très douloureux et effrayant.*

Oui, c'est tout à fait possible. Du point de vue de « je suis », c'est vraiment mourir. Il perd tout, lui-même y compris. Du coup, on peut le ressentir de façon tout autant intense. Le contrôle est illusoire. Les « choses » sont vides et illusoires. Pour l'apparent moi qui est habitué à l'existence de choses réelles, cela peut être très effrayant. Il perd toute orientation et se noie vraiment dans l'absolu de ce qui est. Il ne veut pas mourir. Il ne choisirait jamais la mort, à moins d'un désespoir absolu. Ce serait accepter de mourir insatisfait. Il ne ferait jamais ça. Mais en fait, il ne le doit pas. Cela arrive – en apparence – ou pas.

*Mais pourquoi est-ce que cela doit être si douloureux ?*

Ca ne doit pas du tout être douloureux, mais quand ça arrive comme ça, ça arrive comme ça. « Je suis » n'est pas réel, ainsi en est-il de cette lutte pour la survie. Mourir est facile – cela se produit. Certes de la façon dont cela se produit. Il peut y avoir un combat jusqu'au bout – ou alors la paix peut s'installer tranquillement. C'est ce qui arrive – en apparence. Mais il n'y a personne pour choisir. Et : quelque soit la façon dont cela se produise, c'est déjà « cela ».

*Comment était-ce, pour toi ?*

Je me suis endormi en douceur, pourrait on dire. Ces temps de recherche intensive se sont achevés à peu près deux ans avant ma mort. Et en même temps, la recherche était là. Puisque j'étais encore là aussi. En apparence du moins (rire).

## Soit – soit

*Andreas, je ne sais quelque fois même plus ce que je dois choisir. Depuis que je connais ce message, je suis totalement perdu. De façon très concrète, je me demande si je dois faire une thérapie ou plutôt venir à tes réunions. Qu'est ce que tu en penses ?*

Et bien, je peux comprendre cet apparent conflit – il est ce qui se passe en apparence. Mais il est implicite dans ta question que tu supposes qu'il y ait deux possibilités, qu'il y ait toi, qu'il y ait « juste » et « faux », et un choix. C'est le rêve. Ce que tu dois faire concrètement ? Je n'en ai aucune idée (rire).

*Oui, je cherche une réponse concrète.*

Que « tu » sois le rêve est très concret. Il n'y a pas de soit – soit. Ce qui est dit ici n'est pas la meilleure voie. Personne ne vit de façon non-duelle. Ici n'est pas l'inverse de la thérapie. Tu ne peux te conduire de façon juste ou fausse, puisque « tu » es le rêve.

*Tu veux dire que ça n'a pas d'importance ?*

Oui, ça n'a pas de signification. Personne ne s'intéresse à ce que tu fais ou ne fais pas, car il n'y a personne. Tu « n'agis » même pas, c'est à dire que tu n'es pas du tout ce que tu t'imagines être, à savoir un être réel et autonome.

*Est ce que je peux me « désimaginer » ça ?*

Non, tu ne le peux pas. Ce « moi » qui croit être n'est pas réel.

Personne ne s'imagine ça, personne ne peut se le « désimaginer ». Cette présence est illusoire. Si elle apparaît, elle apparaît comme absolument réelle au sein de ce vécu.

*Bien qu'elle ne le soit pas ?*

Oui, bien qu'elle ne le soit pas.

# Menaçant

*Tout me paraît si menaçant.*

Oui, ça peut arriver. C'est même menaçant pour la vie.

*Hm.*

D'une certaine façon tu as raison. « Je suis » est constamment menacé. « Je suis » doit rester actif pour ne pas mourir. Il doit « agir » en toute situation pour ne pas y disparaître.

*C'est vraiment un dur travail.*

Oui, ça l'est.

*Mais pourquoi l'illusion est-elle si forte ?*

Parce qu'elle est ce qui arrive en apparence. Elle n'est pas forte dans le sens qu'elle pourrait aussi s'affaiblir. C'est simplement l'unité qui apparaît en tant que vécu « je suis ». Quand c'est ce qui apparaît, c'est irréfutable. Mais quand ça s'effondre, c'est rien.

*Mais qui met à disposition cette énorme énergie d'être « moi » ? Cet effort continu ?*

Ca aussi, c'est l'unité même. En ce sens, c'est une énergie infinie qui est à disposition. Et même cela arrive totalement sans effort.

## Pas d'événement

*Tu as dit un jour qu'il n'y avait pas eu d'événement pour toi, et que tu ne t'en es pas rendu compte.*

En fait ce n'est jamais un événement, mais cela peut apparaître sous forme d'un événement. D'une certaine façon, on pourrait dire aussi qu'il y a alors la reconnaissance de cela. Mais il n'y a personne qui le remarque, du coup pas non plus de réelle reconnaissance. La libération est la mort de celui qui vit dans la conscience – donc dans la reconnaissance.

*Et pourquoi n'est ce donc pas un événement ?*

L'apparente mort de « je suis » est la fin du vécu de la réalité, c'est à dire la fin du vécu qu'il se passe « quelque chose de réel ». En ce sens la libération n'est pas un événement, mais elle est la fin du vécu d'évènements.

*Oui, j'attends qu'il se passe « quelque chose ».*

C'est justement ça le rêve : qu'il se passe encore quelque chose. Que quelque chose arrive encore – un futur, le moment suivant – fait partie du vécu d'être « quelqu'un ». Si « je suis » disparaît, ce vécu disparaît. Ce qui reste est ce qui est déjà. Ce qui reste, c'est toi tel que tu es déjà – mais sans l'illusion et le vécu d'être « quelque chose » de personnel.

## Rien de nouveau

*Cher Andreas, ce que tu dis n'a rien de nouveau. J'ai l'impression de l'avoir entendu des milliers de fois, et rien ne s'est passé.*

Oui, ça n'a rien de nouveau. Ce que tu es n'est rien de nouveau ; comme un vieux galurin. Et comme tu l'es déjà, je ne vois pas ce qui pourrait encore se passer. Cela fait partie du rêve de « je suis » qu'il devrait encore se passer quelque chose pour que ce soit complet.

*Hm.*

Je n'ai rien à donner. Je n'ai rien que tu n'aies pas toi aussi. Tu n'as pas à venir à ces entretiens. Tu n'as pas à m'écouter. Je peux te donner tout aussi peu que n'importe qui d'autre.

*C'est tellement merveilleux à entendre.*

Oui, c'est libre. C'est pour rien. C'est pour rien et personne. C'est la liberté.

*Mais qu'est ce que tu fais si plus personne ne vient ?*

Aucune idée. Peut être que j'irai travailler (rire).

## Inimaginable

L'apparent moi ne peut que ne pas entendre ce message, ou le refuser. Même s'il semble s'en rapprocher intellectuellement, ce message est inimaginable pour l'apparent moi. Il reste inaudible parce qu'il est en contradiction avec tout le vécu de l'apparent moi. « Je suis » se voit tout simplement présent, c'est à dire que c'est ce qui le rend unique : se voir comme étant présent, et vivre dans sa propre réalité. Comment pourrait il seulement se représenter sa propre absence ? Comment devrait-il s'imaginer sa propre absence, alors qu'il s'est vu, toute son apparente vie, comme étant présent ?! C'est tout à fait impossible.

## Arrêter

*Andreas, je n'arrive tout simplement pas à arrêter de chercher.*

Evidemment. Qui devrait faire cela ?

*Mais je sais que c'est en vain.*

Oui, d'accord. Mais « je suis » ne peut pas arrêter de chercher, parce qu'il ne consiste qu'à chercher. Voilà pourquoi ce n'est pas ici une recommandation d'arrêter de chercher. La recherche est illusoire, tout comme le chercheur est illusoire. Il n'y a pas de recherche réelle.

*Tu as arrêté de chercher.*

Non, je n'ai pas arrêté de chercher. La libération est la fin du chercheur, et donc automatiquement la fin de la recherche. Mais on ne peut ni empêcher cette fin ni y parvenir, sans même parler du fait que cela n'arrive pas vraiment.

*Tu veux dire que c'est ok que je cherche ?*

Et bien, ok ne veut rien dire. C'est ce qui arrive en apparence. C'est au delà de juste ou faux. Vu comme ça, bien sûr que c'est « ok » - et malgré tout, c'est ce que c'est en apparence : la recherche vaine d'un accomplissement personnel.

# En fin de compte

*Andreas, après tout ce que tu dis, qu'est ce qui reste en fin de compte ?*

Rien ne reste. C'est à dire pas-de-chose. Cela reste, mais il n'y a rien à emporter.
Ce dont on parle ici n'est ni un concept ni un enseignement. L'unité n'est rien qu'on pourrait comprendre point par point, travailler et démonter. Qu'est ce donc que l'unité ? Ce « ici » : être assis, parler, la pièce. Ce qui est naturellement pas-de-chose. Comment pourrait-on démonter ce qui se passe en apparence ?
Ce qui se passe en apparence *est* simplement. Sans raison, mais tel que c'est. C'est ça qui est merveilleux. Un miracle qui ne nécessite ni d'être compris, ni d'être reconnu, ni quoi que ce soit d'autre. On pourrait dire qu'il est inconditionnel.

*C'est très énergétique.*

Oui, absolument. « Cela » est énergie. Bien sûr pas « une » énergie, mais simplement énergie qui apparaît en tant que ce qui apparaît.

## Pas de séparation

Il n'y a tout simplement pas de séparation. Toute cette construction de séparation, de perte et de recherche n'existe pas. Rien ne doit être intégré ou dissout. Rien ne peut être dissout ou intégré. Il n'y a que ça. « Je suis » est un rêve. Le moi échoue, naturellement, dans sa tentative de perfectionnement personnel – il n'existe même pas. Il cherche, par des tentatives, des voies, des méthodes, à traverser un fossé qui n'existe même pas. C'est vraiment étonnant.

## À propos d'Andreas Müller

Andreas est né en 1979 à Ludwigsburg, dans le sud de l'Allemagne. Après des années de recherche en spiritualité, il a rencontré Tony Parsons en 2009.

"Tout d'abord, j'ai été choqué. Même si j'avais déjà connu et expérimenté beaucoup de choses, c'était quelque chose de nouveau et d'inattendu. Soudain, sans raison, j'ai entendu ce que Tony disait, et bientôt, c'était indéniable :
Il n'y a personne."

Depuis 2011, Andreas organise des conférences et des intensives dans le monde entier.

**www.thetimelesswonder.com**

## Remerciements


Merci à Suzanne pour la traduction!

Benoît Strauss

Vivien Thomas

Tony & Claire Parsons